网店装修实操之
六大核心区域设计

总 主 编　钟建康

主　　编　韩　悦

副 主 编　李成庆　金巨灿　郑　龙

参编人员　祁音娣　张　晴

浙江工商大学出版社
ZHEJIANG GONGSHANG UNIVERSITY PRESS

·杭州·

图书在版编目（CIP）数据

网店装修实操之六大核心区域设计 / 韩悦主编；李成庆，金巨灿，郑龙副主编 . — 杭州 ：浙江工商大学出版社，2023.10

ISBN 978-7-5178-5757-0

Ⅰ . ①网… Ⅱ . ①韩… ②李… ③金… ④郑… Ⅲ . ①网店—设计 Ⅳ . ①F713.361.2

中国国家版本馆 CIP 数据核字 (2023) 第 193642 号

网店装修实操之六大核心区域设计

WANGDIAN ZHUANGXIU SHICAO ZHI LIU DA HEXIN QUYU SHEJI

主编 韩　悦　副主编 李成庆　金巨灿　郑　龙

策划编辑	厉　勇
责任编辑	童江霞
责任校对	都青青
封面设计	童宏宇
责任印制	包建辉
出版发行	浙江工商大学出版社
	（杭州市教工路 198 号　邮政编码 310012）
	（E-mail：zjgsupress@163.com）
	（网址：http://www.zjgsupress.com）
	电话：0571-88904980,88831806（传真）
排　版	杭州朝曦图文设计有限公司
印　刷	浙江全能工艺美术印刷有限公司
开　本	787 mm×1092 mm　1/16
印　张	6.75
字　数	125 千
版 印 次	2023 年 10 月第 1 版　2023 年 10 月第 1 次印刷
书　号	ISBN 978-7-5178-5757-0
定　价	25.00 元

前　言

随着网络市场的蓬勃发展以及网络购物的热潮迭起,开网店的人越来越多,在网上购物的用户数量也在不断增长。当今的网络营销已经成为一种视觉营销,店家都想让自己的店铺脱颖而出。如何通过一个精美的设计来吸引顾客的目光,从而提高网店的关注度,成为众多店家都在思考的问题。怎样才能形成自己店铺的风格?怎样将店铺的各个区域装修得尽善尽美?怎样快速进行店铺装修设计呢?这些问题都可以在本书中找到答案。本书从设计的角度,讲解如何设计出符合店铺形象和特点的装修方案。

写作思路

本书以网店装修设计为主要内容,以网店装修的顺序为编写思路,先讲述网店首页的装修,按照从上到下的顺序分别对店招、导航条、欢迎模块、收藏区、客服区进行了介绍,再讲述商品描述页面的装修,讲解内容以淘宝网为主要平台。同时,利用"技能拓展"板块对网店装修进行辅助讲解。此外,在每个章节中都搭配了案例进行详细说明。书中内容翔实,结构清晰,图文并茂,具有较强的可读性和可操作性。

特色体例

技能拓展:拓展章节内容,让读者了解更多有关网店装修工具的使用细节,帮助读者拓宽装修设计的思路。

课后习题:每个章节都提供了相应的素材与设计效果,让"学以致用"这一思想得以实现,使读者能够在实践中巩固本章节所学知识。

设计理念:对案例的设计思路、配色、布局等进行分析和讲解,告诉读者这样设计和制作的原因,让读者逐步了解网店装修的精髓。

全程图解:全程图解剖析,版式美观大方,利用图示对重点知识进行说明,让读者能够轻松阅读,以提升读者学习装修网店的兴趣。

内容梗概

第一阶段:装修准备(第一章)。对网店装修工具Photoshop中涉及装修的主要功能和技巧进行详细罗列和介绍。

第二阶段:网店设计(第二～七章)。按网店装修顺序,重点讲解店招、导航条、欢迎模块、收藏区、客服区和商品描述页面的制作规范和技巧。

尽管作者在编写过程中力求精准、完善,但是书中难免存在疏漏之处,恳请大家批评指正。

本书编写组

2023年6月25日

目录

第一章　Photoshop的装修功能与使用技巧

Photoshop是Adobe公司开发的平面图像处理软件,它主要用于对位图图像进行编辑、加工、处理以及添加特殊效果,是专业设计人员的首选软件之一,也是我们进行网店装修时常用的一个专业设计软件。接下来就让我们一起了解该软件的主要功能,使网店的美化操作变得更加得心应手吧。

【技能要求】

●掌握图片大小调整、瑕疵修复、影调修饰和颜色校正的操作与相关技巧,并且能够使用相关的工具和命令完成对商品照片的处理。

●能够在Photoshop中使用形状工具绘制出所需的图形。

●根据设计的需要,熟练使用图层混合模式和图层样式对画面进行修饰。

●能够使用不同的方法为商品照片添加边框效果。

一、理解图层的作用

图层就像是含有文字或图形等元素的胶片,一张张按顺序叠放,组合起来形成页面的最终效果。图层可以将页面上的元素精确定位,我们可以在图层中加入文本、图片、表格、插件,也可以在图层中嵌套图层。

1.认识"图层"面板

在Photoshop中编辑图像就是对图层进行编辑操作,通过"图层"面板中的命令可创建、隐藏、删除图层或调整图层顺序,通过调整图层的混合模式和不透明度可改变图层上图像的显示效果,通过"颜色填充""照片滤镜"等命令可添加图层上图像的效果,如图1-1所示。

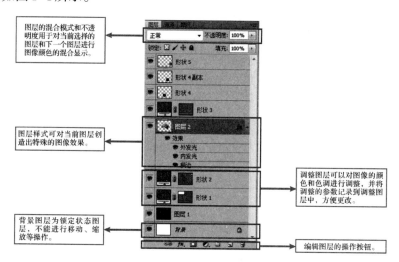

图1-1　认识"图层"面板

2.调整图层的顺序

不管什么图层,只要处于"图层"面板最上方,其图像都显示在最上面。因此,通过调整图层的顺序,可以改变图像的显示效果。

依次执行"图层""排列"菜单命令,在打开的子菜单中可通过"置为顶层""置为底层""前移一层""后移一层"等命令来调整图层顺序,也可以通过选中图层手动拖动图层位置来调整图层顺序。图1-2为调整几何图像所在图层顺序前后效果对比。

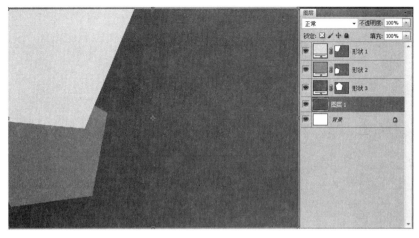

(a)图层顺序调整前

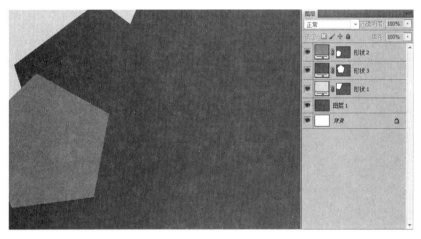

(b)图层顺序调整后

图1-2 调整图层顺序前后效果对比

3.调整图层可见性

通过点击图层前的"眼睛"可以调整图层的可见性,从而避免多个图层相互影响。调整图层可见性也是制作动态图片的必备技能。图1-3为调整几何图像所在图层可见性前后效果对比。

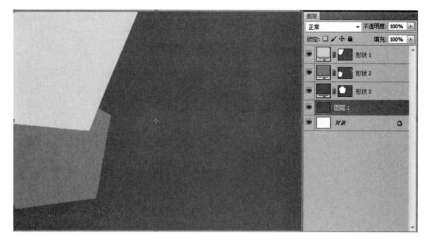

(a)图层可见

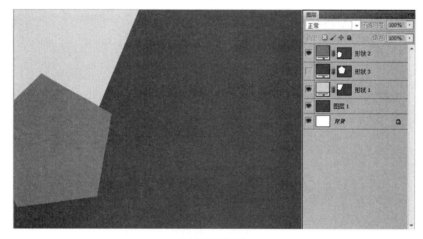

(b)图层不可见

图1-3　调整图层可见性前后效果对比

二、掌握蒙版的编辑方法

蒙版在融合图片、添加特殊效果和建立复杂的选区方面极其重要,使用蒙版能进行各种图像的合成,让图层上的图像产生相应的透明效果。使用蒙版编辑图像时,可迅速还原图像,避免在处理过程中丢失图像信息。

1.蒙版原理

蒙版是一种灰度图像,并且具有透明的特性。蒙版是将不同的明暗度转化为不同的透明度,并作用到该蒙版所在的图层中,遮盖图像中的部分区域。当蒙版的明度加深时,被遮盖的区域会变得更加透明。这种方式不但对图像没有一点破坏,而且还会起到保护源图像的作用。

图1-4中三幅图分别为原图、蒙版图和添加蒙版后的效果图,从效果图中可以看到蒙版图中的白色部分显示出来了,而黑色部分隐藏起来了。

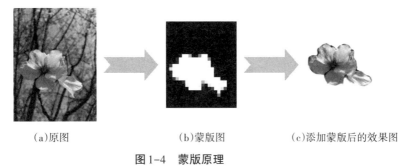

(a)原图　　　　　　　　(b)蒙版图　　　　　　　(c)添加蒙版后的效果图

图1-4　蒙版原理

2."蒙版"面板

在Photoshop中对蒙版进行编辑之前,必须对"蒙版"面板有所了解。在"蒙版"面板中,有"浓度""羽化"等选项,可以对这些选项的参数进行设置并应用到当前的蒙版中。

通过双击"图层"面板中的蒙版缩略图,可以打开"蒙版"面板,如图1-5所示。在该面板中,可以执行创建蒙版、切换蒙版、编辑蒙版、应用蒙版、停用蒙版和删除蒙版等操作。

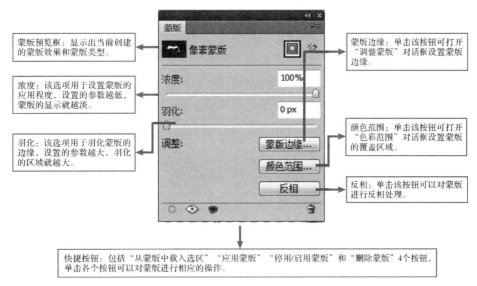

图1-5　"蒙版"面板

3.图层蒙版

图层蒙版控制图层中不同区域的隐藏或显示,在蒙版内涂黑色会使涂色部分变为透明的,当前图层上的图像被隐藏;涂白色会使涂色部分变为不透明的,显示出当前图层上的图像;涂灰色则会使涂色部分变为半透明的,透明的程度由涂色的深浅决定。

打开一张产品图片,单击"图层"面板下方的"添加图层蒙版"按钮,选择工具栏中的"画笔"工具,在属性栏中设置画笔参数,设置完成后在图像四周涂色,对图层蒙版进行编辑。图层蒙版编辑前的效果如图1-6所示,编辑后的效果如图1-7所示。

图1-6　图层蒙版编辑前效果图

图1-7　图层蒙版编辑后效果图

如果需要直接对蒙版里面的内容进行编辑,可以按住Alt键,同时单击该蒙版的缩略图,即可选中蒙版,使该蒙版的内容在图像窗口中显示出来。

4.剪贴蒙版

剪贴蒙版主要由基层和内容图层组成。在下方的图层为基层,从效果上来说,就是将内容图层裁剪为基层的形状,用内容图层的图像覆盖基层。

图1-8为创建剪贴蒙版的图像和效果图。从图中可以看到创建剪贴蒙版之后,文字显示的区域由上方的背景控制。

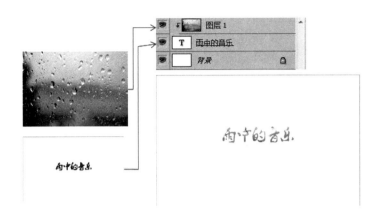

图1-8　剪贴蒙版

5.调整蒙版的边缘

在对图像使用图层蒙版进行编辑时,常常会遇到图像边缘效果不理想的情况,这会造成合成操作后效果失真,达不到想要呈现的效果。针对这一情况,使用"蒙版边缘"命令来对蒙版的边缘进行设置,可以大大提高蒙版编辑的效果。

在选中的图层蒙版的"属性"面板中单击"蒙版边缘"按钮,可以打开如图1-9所示的"调整蒙版"对话框,在这一对话框中可以对蒙版边缘的半径、羽化和对比度等进行调整,将蒙版边缘调整到最理想的效果。

通过"调整蒙版"对话框中的相关参数可以快速地对蒙版的边缘进行调整,由此抠选出的图像更加精确。

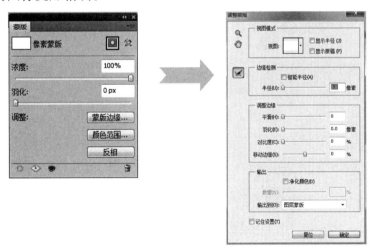

(a)选择蒙版工具　　　　　　　　　　(b)调整蒙版数据

图1-9　调整蒙版边缘

【技能拓展】

利用图层蒙版无痕迹拼接图像,如图1-10所示。

（a）素材1　　　　　　　　（b）素材2　　　　　　　（c）效果图

图1-10　利用图层蒙版无痕迹拼接图像

步骤01 在蒙版图层中填充黑白渐变，就会将图像逐渐遮挡。但是，现在填充的不是颜色，而是选取遮挡范围，如图1-11所示。

图1-11　在蒙版图层中填充黑白渐变

步骤02 上面图层经过蒙版的遮挡，就会在被遮挡的地方显露出下面图层的图像，两个原本毫不相干的图像就天衣无缝地融合在一起了，如图1-12所示。

图1-12 无痕迹拼接图像

【课后习题】

利用图层蒙版,将素材中的饮品和蛋糕抠取出来,并保存为PSD格式,如图1-13所示。

(a)原图 (b)效果图

图1-13 抠取素材中的饮品和蛋糕

三、照片的基础调整

一幅照片的大小通常会达到2MB以上,如果使用这些原始照片作为装修素材,直接上传到互联网上,会占用很大的存储空间,同时使顾客浏览的等待时间变长。在Photoshop中,我们可以通过以下几种方式对照片的大小进行调整。

1.**快速修改图像分辨率及尺寸**

在不损伤图像质量的情况下,可以使用Photoshop中的"图像大小"命令来修改照片的大小和分辨率,其操作方法非常简单。

在Photoshop中打开一张数码照片,依次执行"图像""图像大小"命令,在打开的

"图像大小"对话框中对图像的大小进行重新设置,就可以完成照片大小的修改,具体操作如图1-14所示。

图1-14 快速修改图像分辨率及尺寸

2.精确裁剪照片

当只需要照片中某一部分图像时,使用"图像大小"命令不能完成对照片尺寸的调整,此时可以通过"裁剪"工具或者"裁剪"命令将照片中不需要的那部分图像裁减掉。

在Photoshop中打开一张需要裁剪的照片,选择工具箱中的"裁剪"工具,在图像窗口单击并拖动裁剪框,使需要保留的图像显示在裁剪框中,再按键盘上的Enter键,就可以完成图像的裁剪,具体操作如图1-15所示。

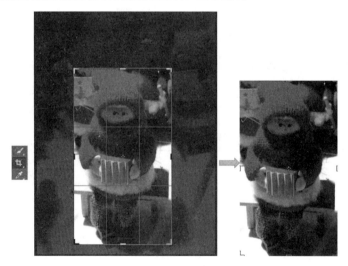

图1-15 精确裁剪照片

3.校正倾斜照片

当拍摄出的商品照片因某些原因呈倾斜状态时,可以通过依次执行"图像""图像旋转"命令,完成对倾斜照片的校正,具体操作如图1-16所示。

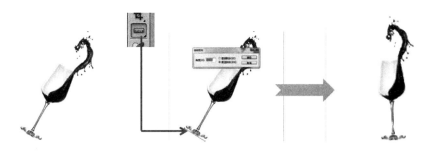

图1-16　校正倾斜照片

提示01 在弹出的对话框中保持参数为默认。

提示02 在对非纯色背景的图像进行校正时,校正后可能会有多余的部分产生,此时只需要使用"裁剪"工具将其裁剪掉即可。

【技能拓展】更改照片的文件格式

文件的格式会对照片的颜色范围和文件大小产生直接影响,在Photoshop中对商品照片进行处理时,只需依次执行"文件""储存为"命令,在打开的对话框中重新选择文件的格式就可以对照片的格式进行更改,具体操作如图1-17所示。

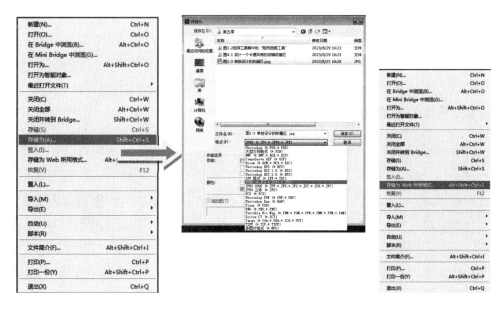

图1-17　更改照片的文件格式

用户还能够通过依次执行"文件""存储为Web所用格式"命令,将制作好的图像存储为网络环境所需要的图像格式。

【课后习题】

(1)调整图1-18中证件照的尺寸,将其改成2寸照,38mm×51mm。

图1-18　证件照尺寸调整样图

（2）校正图1-19中的卡通动物，使其水平放置。

图1-19　卡通动物校正样图

四、照片的瑕疵修复

由于拍摄环境不佳或灯光过暗等问题，拍摄出来的商品照片常常存在一定的瑕疵，如果不加以调整就直接将其用于互联网，则会大大降低所售商品在网店页面的呈现效果，影响顾客正确判断商品的品质。在Photoshop中可以通过多种方式对照片的瑕疵进行修复或对照片进行局部优化。下面我们将分类介绍如何使用Photoshop中的工具解决照片瑕疵问题。

1.去除照片中的多余图像

当拍摄环境不佳导致拍摄的照片背景中有多余的干扰物时，可以使用Photoshop中的"仿制图章工具"将照片中的某一正常部分绘制到有缺陷部分，再去除不需要的图像。

打开一张背景干扰物较多的照片，在图像窗口可看到照片左右两边有杂物，且对整幅照片产生了干扰。此时，选中工具箱中的"仿制图章工具"，在选项栏设置参数，按住Alt键的同时在想要仿制的图像周围取样，取样后使用鼠标在干扰物上涂抹，将干扰物去除，如图1-20所示。

图1-20　去除照片中的多余图像

2.消除人物的眼袋

网店中常常会用到依靠模特展示商品的照片,而模特自身的状态也会影响商品呈现出来的效果。如果模特眼袋严重,则整张照片看起来就没有活力,从而影响整个画面的效果。此时可以使用Photoshop中的"修补工具"去除眼袋区域图像,使人物看上去精神饱满。

使用"修补工具"前,用鼠标先将需要修补的图像区域创建为选区,再向选区周围效果较好的样本区域拖动。"修补工具"是使用样本区域的像素来修补选区像素的,所以在创建修补选区时尽可能缩小选区范围,以达到较好的修补效果。

选择工具箱中的"修补工具",在选项栏中设置参数,使用鼠标在眼袋的位置单击并拖动鼠标,根据眼袋形状创建选区,将选区向其周围皮肤比较好的区域拖动,用样本区域像素修补选区像素,如图1-21所示。

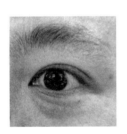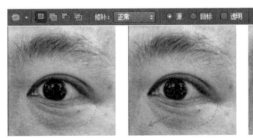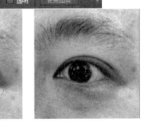

图1-21　消除人物的眼袋

3.擦去人像的黑眼圈

在模特展示商品的照片中,也会出现模特黑眼圈严重的情况,从而使整张照片看起来不够完美,影响商品的展示。因此,需要使用Photoshop中的"修复画笔工具"修复人物黑眼圈区域的图像,使人物看上去精神饱满。

打开一张画面中人物黑眼圈严重的照片,可以看到图像窗口画面中人物的黑眼圈使整个人看起来不够完美,需要去除人物黑眼圈。选择工具箱中的"修复画笔工具",在选项栏中进行设置,按住Alt键的同时在需要修补图像周围皮肤较好的区域取样,取样后使用鼠标在人物黑眼圈处涂抹,将黑眼圈去除,使人物眼部更有神采,如图1-22所示。

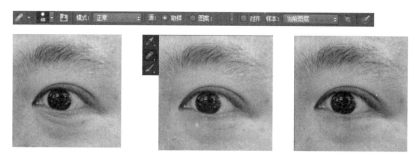

图1-22 擦去人像的黑眼圈

4.模糊局部图像

"模糊工具"是以画笔形式进行操作的,它可以使图像中相邻像素之间的对比度降低,把较为坚硬的像素边缘进行柔化,使图像变得柔和。对于一些已经具有景深效果的照片,有时为了让景深效果更加明显,可以使用该工具在模糊区域进行涂抹,增加图像的模糊程度。因为"模糊工具"涂抹过的区域都会被进行柔化处理,所以其可操作性很强。但是该工具的模糊程度较弱,如果需要进行较大强度的模糊处理,建议使用其他的模糊滤镜进行操作。

打开一张商品照片,然后选择工具箱中的"模糊工具",在选项栏中设置参数,在需要模糊的区域拖动鼠标进行涂抹。如果觉得效果不够理想,可以继续涂抹,直至达到想要的效果为止,具体操作如图1-23所示。

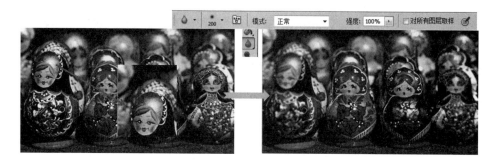

图1-23 模糊局部图像

【课后习题】

对图1-24中玩偶的污点进行处理。

图1-24　污点处理样图

五、抠取商品的六大法宝

由于取景的问题,拍摄出来的照片往往内容复杂,商品不够突出。如果不抠取商品,直接将拍摄好的照片上传到互联网,就会降低商品的呈现效果,因此需要抠取出主要的商品部分单独使用。

在Photoshop中,可以通过多种方式对照片中的商品进行抠取。下面针对不同背景的商品照片,介绍如何使用Photoshop中的工具和命令将商品抠取出来。

1.单色背景的快速抠取

对于一张拍摄好的商品照片,当需要单独使用照片中的商品部分,将背景去除时,可以根据照片背景的颜色情况,使用Photoshop中的"魔棒工具"和"快速选取工具"将照片中的商品部分快速抠取出来。

打开一张背景颜色相对单一的商品照片,选择工具箱中的"魔棒工具",在其选项栏中设置"容差"为20,然后使用鼠标在背景上单击,即可将与单击位置色彩相似的图像选中,接着继续使用该工具进行操作,就能将除商品之外的其他图像选中,再进行反向选取,即可将商品抠选出来,具体操作如图1-25所示。

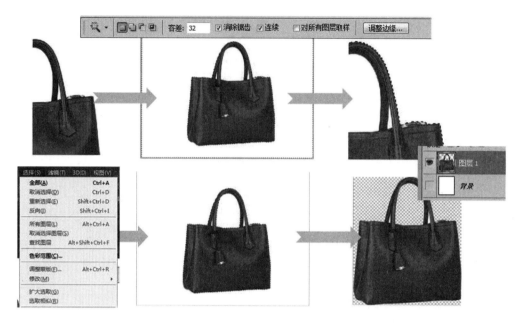

图1-25　单色背景的快速抠取

　　打开一张背景颜色相对单一的商品照片，选择"快速选择工具"，利用可调整的圆形画笔笔尖快速绘制选区。拖动鼠标时，选区会向外拓展并自动查找、跟随图像中定义的边缘。"快速选择工具"的操作方式与"魔棒工具"类似，都适用于在颜色单一的背景中抠取商品部分。

2.规则对象的抠取

　　一些外形较为规则的商品，如矩形或者圆形商品的抠取，则可以通过Photoshop中的"矩形选框工具"或"椭圆选框工具"进行快速选取。使用这两个工具创建的选区边缘更加平滑，能够将商品的边缘抠取得更加准确。接下来，我们对这两个工具进行讲解。

　　"矩形选框工具"主要是通过单击并拖动鼠标来创建矩形或者正方形的选区，当商品外形为矩形时，使用该工具可以快速将商品框选出来，以更改背景的颜色。

　　在Photoshop中打开一张外形为矩形的礼品盒照片，从画面中我们可以看到该礼品盒为标准的矩形，想要将其抠选出来，需先选择工具箱中的"矩形选框工具"，接着在图像窗口中单击并拖动鼠标创建选区，将礼品盒抠选出来，具体操作如图1-26所示。

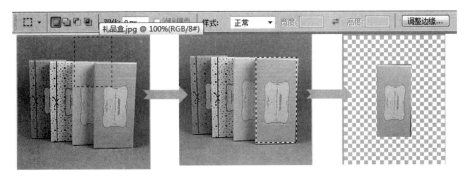

图1-26　规则对象的抠取

提示 在使用"矩形选框工具"或"椭圆选框工具"的过程中,若要重新放置矩形或椭圆选框,需先拖移以创建选区边框,在此过程中要一直按住鼠标左键,然后按住键盘上的空格键并继续拖动。如果要继续调整选区的边框,则要先松开键盘上的空格键,但要一直按住鼠标左键。

"椭圆选框工具"的使用方法与"矩形选框工具"相同,都是通过单击并拖动鼠标来创建选区,不同的是"椭圆选框工具"创建的是椭圆或圆形的选区。

3.多边形对象的抠取

如果我们抠取的商品外形为规则的多边形,并且画面的背景较为复杂,可以考虑使用Photoshop中的"多边形套索工具"将照片中的商品部分快速抠取出来。

在 Photoshop 中打开一张包装箱照片,选择工具箱中的"多边套索工具",用"多边形套索工具"在纸箱边缘单击作为选区的起点,移动鼠标位置可以看到自动创建的与起点相连接的直线路径,再次单击鼠标设置单边的选区路径,多次单击鼠标创建多边形选区路径,当终点与起点重合时,松开鼠标即可创建闭合的多边形选区,具体操作如图1-27所示。将纸箱添加到选区后,即可将其抠取出来。

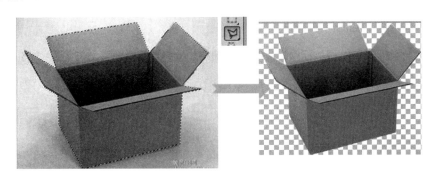

图1-27　多边形对象的抠取

提示 在使用"多边形套索工具"抠取多边形商品的过程中,若要绘制线段,可将鼠标指针放到第一条线段结束的位置,然后单击两次,可设置后续线段的端点;若要绘制一条与水平面夹角为45°的倍数的线段,可在移动鼠标时按住Shift键以单击下一条线段;若要绘制手绘线段,可按住 Alt 键并拖动鼠标,完成后,再松开 Alt 键与鼠标。

4.轮廓清晰图像的抠取

如果需要单独使用照片中的某一主题物,而照片中的主题物与背景反差较大,此时可以选择使用 Photoshop 中的"磁性套索工具"将照片中的主体部分快速抠取出来。

打开一张玩偶商品照片,可以看到玩偶与周围图像的色彩反差较大,边缘清晰。选择工具箱中的"磁性套索工具",在选项栏中设置参数,然后沿着玩偶边缘创建选区,按 Enter 键生成选区,再按快捷键 Ctrl+J 复制图层并隐藏背景图层,可以看到玩偶已经被抠取出来,具体操作如图 1-28 所示。

图 1-28　轮廓清晰图像的抠取

在使用"磁性套索工具"抠取商品的过程中,该工具选项栏中的"频率"选项较为关键,它可以指定套索以什么频率设置紧固点,较高的数值会更快地固定选区边框,也会让抠取的图像更加精确。

5.精细图像的抠取

在进行网店装修的过程中,如果需要制作较大画幅的欢迎模块或者海报,以上这些方法抠取出来的商品边缘的平滑度可能不够,存在一定的锯齿。对于图片质量要求较高且商品边缘不规则的商品,使用"钢笔工具"能保证抠取效果,让合成的画面精致而生动。

打开一张产品照片,选择工具箱中的"钢笔工具",沿着产品边缘连续单击鼠标,创建锚点,然后绘制路径将产品框到其中,完成后按快捷键 Ctrl＋Enter 将其转换为选区,再按快捷键 Ctrl＋J 复制图层并隐藏背景图层,可以看到商品已被抠取出来,具体操作如图 1-29 所示。

图1-29　精细图像的抠取

　　"钢笔工具"包含了3种不同的编辑模式,即"形状""路径"和"像素",这3种模式所创建出来的对象是不同的,在使用"钢笔工具"进行抠图的过程中,通常会使用"路径"模式进行操作。

6.半透明图像的抠取

　　如果我们只想抠取图像某一部分的颜色,并让这部分图像呈现出半透明的玻璃质感效果,那么可以使用 Photoshop 中的"色彩范围"命令将其中所需的部分抠取出来,再调整透明度。因为"色彩范围"和前面讲述的抠图工具操作方式不同,下面我们具体介绍一下"色彩范围"的对话框,如图1-30所示。

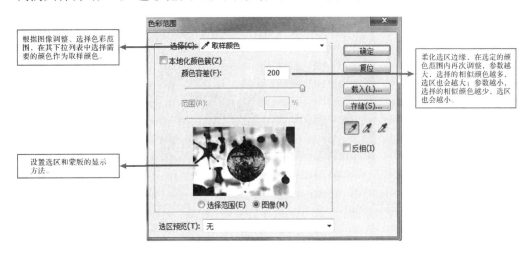

图1-30　"色彩范围"对话框

　　打开一张商品照片,可以看到图像窗口中的琉璃饰品呈现出半透明的效果,我们可通过"色彩范围"命令将其抠选出来。依次执行"选择""色彩范围"菜单命令,在打开的对话框中进行设置,完成后单击"确定"按钮,可以看到背景图像被添加到了选区中。接着依次执行"选择""反向"菜单命令,对创建的选区进行反向处理,选取琉璃饰品部分,具体的操作如图1-31所示。

　　将琉璃饰品添加到选区中,按快捷键Ctrl＋J对选区中的图像进行复制,隐藏背景图层后可以看到琉璃饰品被抠选了出来。创建新的图层,使用白色对其进行填充,将其拖动到抠取的饰品图层下方,可以得到一个白色背景效果的商品图片,如图1-31所示。

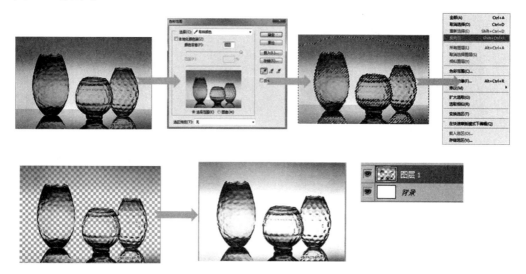

图1-31　半透明图像抠取(玻璃制品)

【课后习题】

将图1-32中的人物和座椅一同抠取出来,并以PSD的格式保存。

图1-32　人物和座椅抠取样图

六、照片影调五大武器

当受拍摄环境光线的影响,对拍摄出来的照片整体的明暗效果不满意时,可以通过提高亮度或增强暗调的方式让照片快速呈现清晰的影像。在Photoshop中,可以通过多种方式对照片影调进行调整,下面介绍如何使用Photoshop中的明暗调整命令调整图片的影调。

1.曝光度——对光线明暗进行修正

拍摄好的商品照片,常常会存在曝光不足或曝光过度的问题,使用Photoshop中的"曝光度"命令可以调整照片的曝光程度。"曝光度"命令是模拟摄像机内的曝光程序来对照片进行二次曝光处理的,通过调节"曝光度""位移"和"灰度系数校正"参数来控制照片的明暗。

打开一张商品照片,如果在图像窗口中看到图像整体的影调偏暗,这就属于曝光不足的情况。依次执行"图像""调整""曝光度"菜单命令,在弹出的对话框中依次调整"曝光度"和"位移"参数,就能提高照片亮度,恢复正常的曝光显示,并且保留图像的细节,如图1-33所示。

图1-33　曝光度——对光线明暗进行修正

2.亮度/对比度——调整照片明暗的层次

当拍摄出来的照片因光线不足而比较昏暗时,使用Photoshop 中的"亮度/对比度"命令调整照片,可以使照片的亮部和暗部之间的对比度更加明显。"亮度/对比度"命令可对照片中的所有像素进行相同程度的调整,设置的参数较大时,容易导致照片细节的损失,所以应该适当调整参数。

打开一张眼镜照片,可以在图像窗口中看到画面整体偏灰。依次执行"图像""调整""亮度/对比度"菜单命令,在弹出的对话框中分别对"亮度"和"对比度"两个选项的参数进行设置,可看到画面变亮了一些,亮部和暗部之间对比度的层次也更加丰富了,如图1-34所示。

图1-34　亮度/对比度——调整照片明暗的层次

3.色阶——局部明暗处理

当照片的层次不理想时,可以使用Photoshop 中的"色阶"命令调整照片,使照片的阴影区、中间区和高光区平衡。"色阶"命令以改变照片中的像素分布来调整画面的层次。下面简单介绍"色阶"对话框,如图1-35所示。

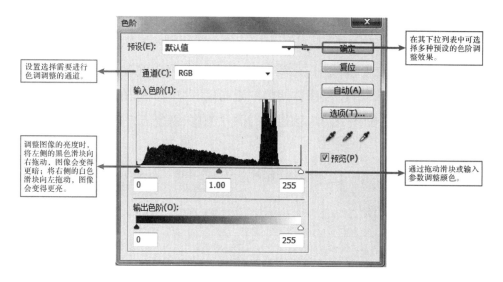

图1-35 "色阶"对话框

打开一张衬衣照片,可以在图像窗口中看到画面的层次不够丰富,呈现出灰蒙蒙的感觉。依次执行"图像""调整""色阶"菜单命令,在弹出的对话框中对"输入色阶"选项组分别拖动滑块设置参数,可看到画面的层次变清晰了,如图1-36所示。

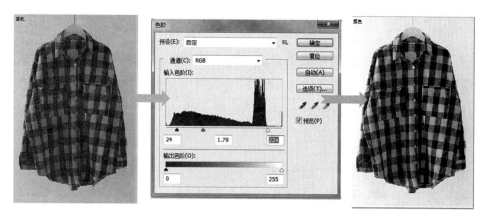

图1-36 色阶——局部明暗处理

4.曲线——各区域明暗的自由处理

使用Photoshop中的"曲线"命令可以调整照片中任意部位的明暗层次,它能够调整全体或单独通道的对比度和颜色,还可以调整任意局部的亮度。下面简单介绍"曲线"对话框,如图1-37所示。

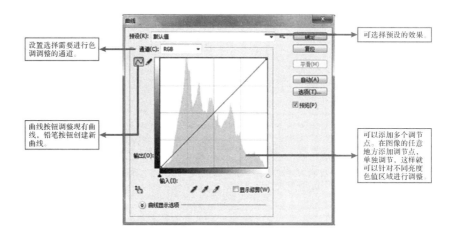

图 1-37　"曲线"对话框

打开一张茶具产品照片,可以在图像窗口中看到画面整体太暗,需要调整物体的亮度,以展示其细节。依次执行"图像""调整""曲线"菜单命令,在弹出的对话框中单击曲线并将其拖动,可以看到图像阴影区域减少,图像变得更亮,物体细节更加丰富了,如图 1-38 所示。

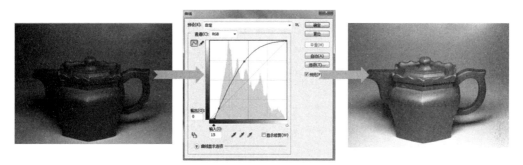

图 1-38　曲线——各区域明暗的自由处理

5.阴影/高光——亮暗对比

修改因强逆光而形成剪影的照片,或者修改由于太接近相机闪光灯而有些发白的焦点,可使用 Photoshop 中的"阴影/高光"命令进行调整。"阴影/高光"命令是根据增亮或调暗图像中阴影或高光的像素色调,分别控制图像的阴影或高光的。下面简单介绍"阴影/高光"对话框,如图 1-39 所示。

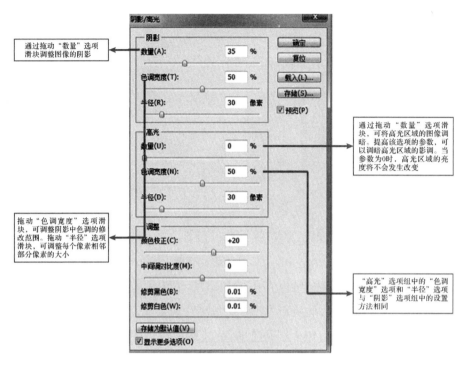

图1-39 "阴影/高光"对话框

打开一张饰品照片,可以在图像窗口中看到饰品图像的高光太过明亮,看不清饰品的细节。依次执行"图像""调整""阴影/高光"菜单命令,在弹出的对话框中设置选项的参数,即可得到一张细节清晰的照片,如图1-40所示。

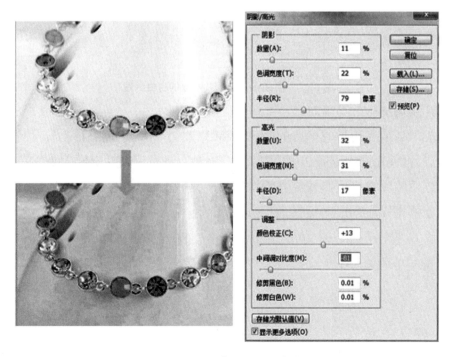

图1-40 阴影/高光——亮暗对比

【技能拓展】色相/饱和度——有针对性的色彩处理

对于拍摄好的商品照片,有时只需要调整整个图像或图像中一种颜色的色相、饱和度和明度。使用Photoshop中的"色相/饱和度"命令可以调整照片中指定的某一色彩成分。

打开一张鞋子照片,可以在图像窗口中看到鞋子是蓝色的。想要替换鞋子的色彩,可以依次执行"图像""调整""色相/饱和度"菜单命令,在弹出的对话框中选择"青色"选项,对色相参数进行设置,可看到蓝色的鞋子变成了红色的鞋子,具体对比效果和设置如图1-41所示。

图1-41　色相/饱和度——有针对性的色彩处理

【课后习题】

将图1-42中天空的颜色调成天蓝色,将建筑物色彩调亮,并以PSD的格式保存。

图1-42　灰色的天空样图

七、高级应用

处理好图像后,为了提高图像的品质,还需要对图像进行更多的编辑。例如,为了防止出现盗图的情况而添加水印、添加边框装饰、锐化图像细节等,这些效果都可以在Photoshop中通过"滤镜""图层不透明度"等命令或选项编辑。下面对具体操作进行讲解。

1.水印添加

为设计和处理好的商品照片添加水印,可以有效防止图片被滥用。在Photoshop中,可以制作具有自己店铺标识的水印。添加水印的照片能在一定程度上宣传自己的店铺。我们通过图1-43所示的简单步骤来介绍水印的制作方法。

图1-43　水印添加

2.边框制作

在图像中添加边框,可以使图像有凝聚感,视觉效果更集中,表达主题更直接。通过Photoshop可以制作有多重样式的边框效果,例如,可使用"图层样式"中的"描边"选项进行操作,或者通过创建选区来添加边框,也可利用素材进行修饰。具体操作步骤如下:

(1)使用"描边"样式添加边框。

使用"描边"图层样式可以为商品照片添加相等宽度的边框效果,具体效果和设置如图1-44所示。

值得注意的是,最好将"描边设置"设置为"内部",以便描边效果可以正常显示出来。

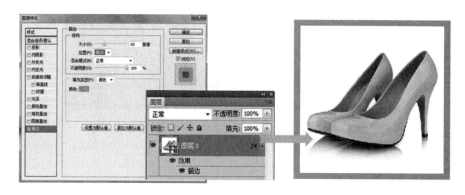

图1-44　使用"描边"样式添加边框

（2）创建选区制作边框效果。

使用"选框工具"或者"选区工具"创建选区，为选区填充适当的颜色，也可以为商品照片添加边框效果。通过创建选区添加边框效果的操作步骤如图1-45所示。一般来说，通过创建选区添加的边框效果更丰富，更具变化性。

图1-45　创建选区制作边框效果

（3）使用素材制作边框。

使用素材制作边框是添加边框最为常用的一种方法，也是最实用的一种方法。根据素材的变化，可以实现多种边框效果，图1-46为添加植物素材制作的边框。

值得注意的是，通过添加素材制作的边框效果，在很多时候需要进行抠图处理，编辑过程较其他方法显得更加烦琐。

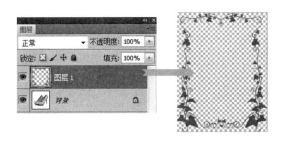

图1-46　使用素材制作边框

3.批量处理

在Photoshop中处理照片时，如果需要对多张照片进行相同的操作，可以使用"批处理"命令来进行处理，这样可避免重复进行某些操作，提高网店装修的效率。下面对"批处理"对话框进行简单介绍，如图1-47所示。

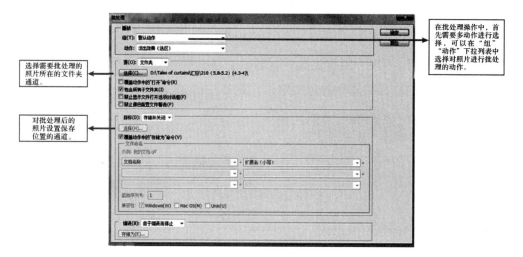

选择需要批处理的
照片所在的文件夹
通道。

对批处理后的
照片设置保存
位置的通道。

在批处理操作中，首
先需要对动作进行选
择，可以在"组"
"动作"下拉列表中
选择对照片进行批处
理的动作。

图1-47　批量处理

在Photoshop中依次执行"文件""自动""批处理"菜单命令，在打开的"批处理"对话框中对选项进行设置，完成后单击"确定"按钮，Photoshop会根据设置的批量处理文件夹和处理方式对文件进行编辑，并将其存储到指定的位置。完成批量处理后，打开相应的文件夹，在其中可以看到处理后的图片效果，通过这样的方式可以大大提高编辑效率。

【课后习题】

为图1-48中的照片添加边框，至少两种样式，并以PSD格式保存。

图1-48　照片样图

第二章　店招的设计

店招，顾名思义，就是店铺的招牌。从网店商品的品牌推广角度来看，想要店招令人印象深刻，在店招的设计上需要具备新颖、易于传播、便于记忆等特点。

【技能要求】

●能够通过"图层样式"、添加修饰元素等方式对店铺的名称进行修饰，制作出别具一格的店铺LOGO，并使用蒙版控制店招中广告图片的显示效果。

●根据店铺的商品及商品照片的风格，来定义店招的风格及配色，以适当的广告语和照片来吸引顾客的注意和兴趣。

一、了解店招

店招位于网店首页的最顶端,是大部分顾客最先接触和了解到的信息。本小节将对店招的设计规范进行讲解,具体如下:

1.店招的设计尺寸和格式

设计成功的店招要有标准的颜色和字体、清爽的版面。此外,店招中需要有一句能够吸引消费者的广告语,画面还需要具备强烈的视觉冲击力,清晰地告诉买家店铺在卖什么。店招也可以对店铺的装修风格进行定位。

在店招设计上,以淘宝网为例,如图2-1所示,店招的设计尺寸应该控制在950像素×150像素内,且格式为JPEG或GIF,其中的GIF格式就是通常所见的带有flash效果的动态店招。

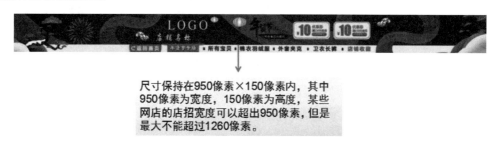

图 2-1 淘宝网网店店招

2.店招的作用

网店店招的表现形式和作用与实体店铺店招是有一定区别的,实体店铺店招的作用往往体现在吸引顾客上,因为实体店铺的店招是直接面对大街的。而网店店招的作用主要体现在留客环节,因为网店的店招并不直接面对网络的搜索页面,只有顾客进入店铺之后才能看到。因此,在设计网店的店招时就要更多地从留客的角度去考虑。

图2-2为不同网店的店招,其中可以清楚地看到店铺的名称和广告语,从而对店铺的风格有一定了解。

(a)

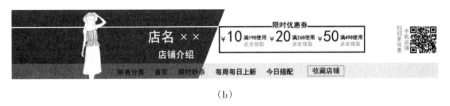

（b）

图2-2 不同网店的店招

店招好比一个店铺的脸面,同实体店的店招一样,对店铺的发展起着较为重要的作用。网店的店招位于网络店铺的最顶端,其主要作用有以下3点：

（1）表明网店的属性。

店招最基本的功能就是让消费者明确店铺的名称、销售的商品内容,让顾客了解到店铺的最新动态。

（2）增强网店的昭示性。

使用有特色的店招可以增强店铺的昭示性,给顾客留下深刻的印象,从而提高店铺的知名度。

（3）提升网店的形象。

设计美观、品质感较强的店招可以提升店铺的形象,提高店铺的档次,增强顾客对店铺的信赖感。

3.店招所包含的信息

为了让店招有特点且便于记忆,在设计过程中都会采用简短醒目的广告语辅助LOGO的展示,再通过适当的配图来增强顾客对店铺的认知度,店招所包含的主要内容如图2-3所示。

图2-3 店招所包含的主要内容

在设计店招时,并不是要将以上所有的内容都包含其中,如果店家只是想突出店铺中促销商品的品牌,那么可以将品牌名称进行较大比例的编排。例如,图2-4所示的眼镜店铺店招,由于该店铺中包含了多种品牌的商品,因此在店招的设计中便将品牌的名称省略掉,而将店铺的名称、LOGO和广告语进行大篇幅的展示。

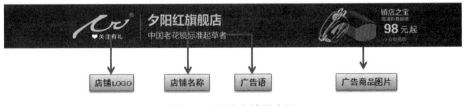

图2-4 眼镜店铺的店招

二、实例:潮流女装网店的店招

本案例是为某潮流女装网店设计的店招,设计中参照商品照片的色彩进行配色,以此营造出怀旧的潮流感,通过在店招中添加商品照片来表明店铺的销售内容,利用简单直观的文字说明店铺和相关活动信息,显得简约而大气,具体效果如图2-5所示。

【效果展示】

图2-5 潮流女装网店店招效果图

【设计理念】

分析1 本案例在色彩搭配上使用怀旧色彩打造出复古时尚的感觉,整个画面以橡皮红和熟褐色为主,怀旧感十足,再搭配色彩饱和度较低的照片,使得整个画面色彩和谐而统一。

分析2 店招的背景添加了细小的条纹,增添了画面的精致感。

分析3 在画面文字上添加细小的投影效果,突出质感的同时给人以华丽、高贵的感觉。

【操作步骤】

步骤01 在Photoshop中新建一个文档,将素材添加到图像窗口中,并适当调整照片的大小,设置"不透明度"为70%,如图2-6所示,进行"内发光"样式修饰。

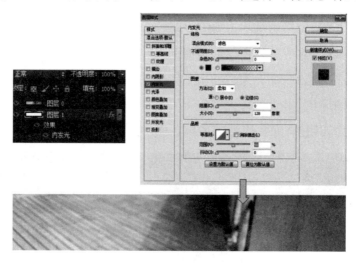

图2-6 进行"内发光"样式修饰

步骤02 绘制出店招的背景,使用"渐变叠加"样式对其进行修饰,接着新建图层,命名为"线条"。绘制出若干线条,得到如图2-7所示的编辑效果。

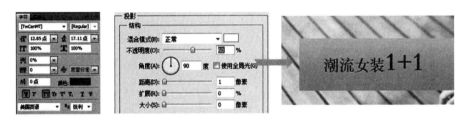

图2-7 "渐变叠加"样式

步骤03 选择工具箱中的"横排文字工具",在"字符"面板中对文字的属性进行设置,接着为文字添加"投影"样式,增强层次感,在图像窗口中可以看到如图2-8所示的编辑效果。

图2-8 为文字添加"投影"样式

步骤04 将素材添加到图像窗口中,适当调整图像的大小和位置,接着为图层添加图层蒙版,使用"画笔工具"对蒙版进行编辑,让图像之间形成自然的过渡效果,在"图层"面板中可以看到编辑效果,如图2-9所示。

图2-9 将素材添加到图像窗口中

步骤05 选择工具箱中的"横排文字工具",在店招的适当位置单击并输入所需的文字,打开"字符"面板,对文字的字体、颜色、字号和字间距等项目进行设置,可得到如图2-10所示的编辑效果。

图2-10　通过"横排文字工具"设置店招文字

三、实例：婴幼儿商品网店的店招

婴幼儿商品通常会使用高明度的色彩来进行表现，根据这一特点，本案例使用了多种高明度的色彩营造出纯洁、稚嫩的画面效果。图2-11所示画面中搭配了外形可爱的婴幼儿用品图片，同时使用彩虹条作为画面背景，使整个画面灵动感十足，情趣盎然。

【效果展示】

图2-11　婴幼儿商品网店的店招

【设计理念】

分析1　以浅黄色为主，表现出一种温暖、明亮的感觉，使用明度较高的多种色彩来修饰画面，烘托出婴儿娇柔、稚嫩的肌肤质感，让店铺的形象更加活泼可爱。

分析2　使用浅色的条纹作为画面背景，制作出彩虹般多姿多彩的视觉效果。

分析3　采用俏皮可爱且圆润的字体来完成文字的编辑，使得整个画面风格更加统一。

【操作步骤】

步骤01 在Photoshop中新建一个文档，将素材添加到图像窗口中，适当调整文件大小，使其铺满整个图像窗口，接着在"图层"面板中设置其"不透明度"选项为20%，效果如图2-12所示。

图2-12　设置"不透明度"

步骤02 使用"矩形选框工具"在图像窗口中创建一个矩形选区为店招模块,在新建的图层中填充适当的颜色,命名图层为"店招矩形",并使用"描边"样式对其进行修饰,在图像窗口中可以看到编辑效果如图2-13所示。

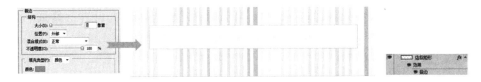

图2-13　使用"描边"样式进行修饰

步骤03 打开素材,使用图层蒙版对图像的显示进行控制,并复制图层,通过调整图层蒙版来改变图像显示,得到如图2-14所示的编辑效果。

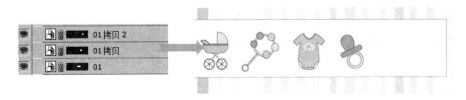

图2-14　通过调整图层蒙版改变图像显示

步骤04 使用"横排文字工具"在图像窗口中的适当位置输入文字,添加素材图像,得到如图2-15所示的编辑效果。

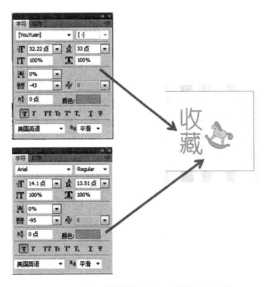

图2-15　使用"横排文字工具"添加文字

步骤05 使用"圆角矩形工具"绘制出所需的形状,在图像窗口中设置其"填充"为0%,并使用"描边"样式进行修饰,具体操作及效果如图2-16所示。

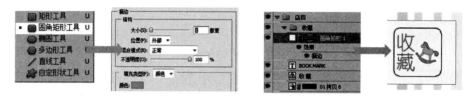

图2-16 使用"圆角矩形工具"绘制并修饰

步骤06 使用"横排文字工具"在店招的适当位置输入"ABC",接着打开"字符"面板,按照图2-17所示的参数进行设置,并为文字添加上图像素材进行修饰。

图2-17 使用"横排文字工具"添加文字

步骤07 选择"自定形状工具"选项栏中的"轨道形状",结合店招整体布局完成店铺LOGO的制作,得到如图2-18所示的效果。

图2-18 使用"自定形状工具"制作LOGO

【技能拓展】利用图层混合模式制造特殊效果

在图层的应用中,通过调整图层混合模式可以对图像颜色进行相加或相减,从而创建出各种特殊的效果。在Photoshop中包含了多种类型的混合模式,分别为组合型、加深型、减淡型、对比型、比较型和色彩型。根据不同的视觉需要,应用不同的混合模式,单击"图层"面板中图层混合模式右侧的三角形按钮,可以弹出图层混合模式菜单。下面对各种类型的混合模式进行简单介绍。

组合型混合模式:包含"正常"和"溶解",在图层默认情况下图层的混合模式都为"正常"。

加深型混合模式：包含"变暗""正片叠底""颜色加深""线性加深"和"深色"，它们可以将当前图像与底层图像进行加深混合，将底层图像变暗。

减淡型混合模式：包含"变量""滤色""颜色减淡""线性减淡(添加)"和"浅色"，它们可以使当前图像中的黑色消失，任何比黑色亮的区域都可以加亮底层图像。

对比型混合模式：包含"叠加""柔光""强光""亮光""线性光""点光"和"实色混合"，它们可以让图层混合后的图像产生更强烈的对比效果，使图像暗部变得更暗，亮部变得更亮。

比较型混合模式：包含"差值""排除""减去"和"划分"，可以通过比较当前图像与底层图像，将相同的区域显示为黑色，不同的区域显示为灰色或彩色。

色彩型混合模式：包含"色相""饱和度""颜色"和"明度"，它们将色彩三要素中的一种或两种应用到图像中，从而混合图层色彩。

当分别对各个服装素材图层的混合模式进行设置后，在图像窗口中可以看到服饰素材背景中的白色部分消失，画面形成完美的融合效果。可以判定的是，图层混合模式的应用可以将图层中白色的图像区域自然地与下方图像中的色彩融合，如图2-19所示。

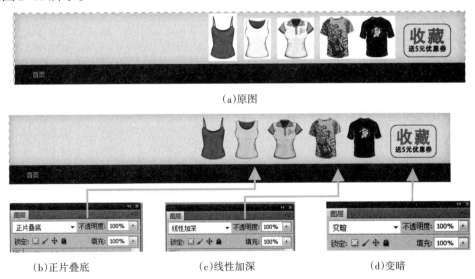

（a）原图

（b）正片叠底　　　　（c）线性加深　　　　（d）变暗

图2-19　白色图像区域自然地与下方图像中的色彩融合

【课后习题】

以图2-20中a图所示不同款式的服装图片为素材，设计一个时尚服饰的网店招牌，其中需要包含网店名称、收藏提示和导航条，色彩搭配以灰色和黑色为主，画面时尚简约，突显档次和品质，有一定的设计感，具体效果如图2-20中b图所示。

（a）素材

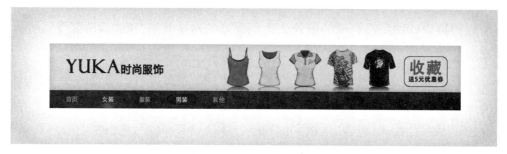

（b）效果图

图2-20　时尚服装网店店招素材及效果图

第三章　导航条的设计

　　导航条是网页设计中不可缺少的部分，它是通过一定的技术手段，为网站的访问者提供一定的跳转途径，使其可以方便地访问相关内容，是人们浏览网站时从一个页面转到另一个页面的快速通道。

【技能要求】

　　●根据店铺的商品及商品照片的风格，确定店铺导航条的风格及配色。

一、了解导航条

导航条是网店首页中不可缺少的部分,它是指通过一定的技术手段,为浏览店铺的顾客提供一定的跳转途径,使其可以方便地访问相关内容。利用导航条,我们可以快速找到想要浏览的商品或信息。

在设计网店导航条的过程中,对于导航条的尺寸有一定的限制,例如,淘宝网规定导航条的宽度为950像素,高度为50像素。如图3-1所示,我们可以看到这个尺寸能够设计的空间非常有限,除了可以对颜色和文字内容进行更改,很难进行更深层次的创作。但是,随着网页编辑软件的逐渐普及,很多设计师都开始对网店首页的导航条倾注更多的心血,通过对首页整体进行切片来扩展首页的装修效果。

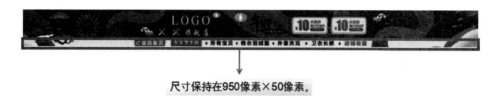

尺寸保持在950像素×50像素。

图3-1　首页导航条切片

在设计网店首页导航条时,要考虑到导航条的色彩和字体的风格,应当从整个首页装修的风格出发,确定导航条的色彩和字体,毕竟导航条的尺寸较小,使用太突兀的色彩会使整个页面不协调。导航条的位置都是固定在店招下方的,因此只要力求和谐统一,就能够创作出满意的效果。

二、实例:清爽风格导航条的设计

本例为清爽风格的导航条页面,浅灰色的背景添加白色装饰线条给人轻柔、舒适的感觉,画面主体以深灰绿的色彩表达清爽、通透的色彩情感,添加的绿色植物更是增加了整个画面的活力。通过这些设计,能让客户感受到设计所营造出来的清爽、舒适的气氛,如图3-2所示。

【效果展示】

图3-2　清爽风格导航条设计效果图

【设计理念】

分析1 导航条选择饱和度较低的深灰绿,是为了给客户传递一种舒适的色彩感受,避免高饱和度的纯绿色,造成客户视觉的疲劳。在导航条上添加嫩绿色的植物,模仿大自然中植物破土而出、迎风生长的自然状态,为画面添加生机。

分析2 位于视觉中心位置的八边形,填充灰色到白色的渐变效果,能增加图形的层次感,白色给人洁净、朴素的感觉,适当加入灰色加深色彩的重量感,可弱化白色的单调感。

分析3 画面中心选择装饰性强的文字,使用简单的段落排列,在美化文字的同时也不降低文字的可读性。

【设计步骤】

步骤01 创建新文件,设置前景色(R:235;G:239;B:243),按快捷键 Alt+Delete 填充图层,制作浅灰色背景,如图3-3所示。

图3-3 制作浅色背景

步骤02 新建"格子"图层组,选择"自定形状工具",在属性栏中设置填充色为白色,再选择"网格"形状,在画面最左边绘制网格,生成"形状1",如图3-4所示。

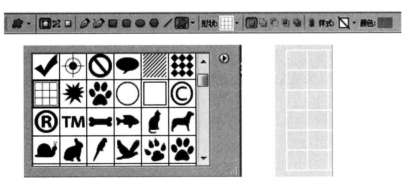

图3-4 新建"格子"图层组

步骤03 复制多个格子形状,生成"形状1拷贝7"图层,然后使用"移动工具"分别调整位置,使其均匀排列并铺满整个画面,最后设置"格子"图层组的图层"不透明度"为82%,如图3-5所示。

图3-5　复制格子形状并设置"不透明度"

步骤04 复制"格子"图层组,生成"格子拷贝"图层组,然后使用"移动工具"向上稍微调整位置,最后设置图层组的图层"不透明度"为52%,如图3-6所示。

图3-6　复制"格子"图层组并设置"不透明度"

步骤05 复制多个"格子拷贝"图层组,生成"格子拷贝4"图层组,然后使用"移动工具"分别向下、向左、向右稍微调整位置,如图3-7所示。

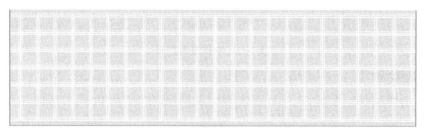

图3-7　复制多个"格子拷贝"图层组并做调整

步骤06 选择"圆角矩形工具",在属性栏中设置填充色为深灰绿到浅灰绿的线性渐变,并设置半径为14像素,在画面中绘制绿色导航条形状,如图3-8所示。

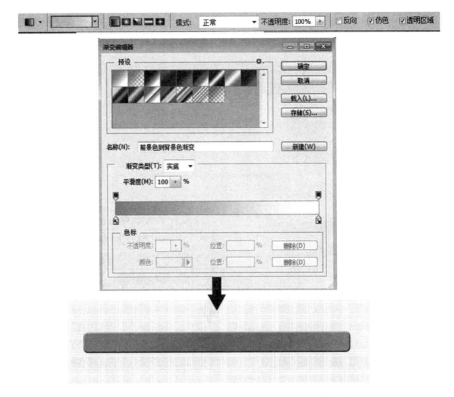

图3-8　选择"圆角矩形工具"绘制绿色导航条形状

步骤07 双击该图层,打开"图层样式"对话框,在对话框中选择"斜面和浮雕"选项设置参数,设置完成后单击"确定"按钮,添加立体感,如图3-9所示。

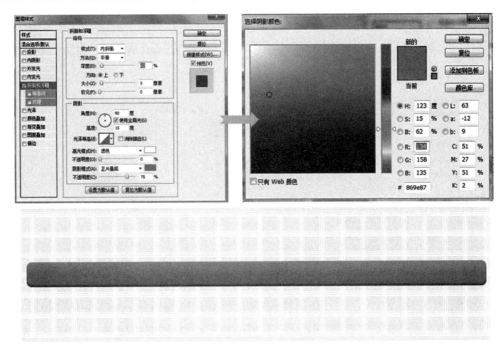

图3-9　使用"图层样式"对话框添加立体感

步骤 08 选择"自定形状工具",在属性栏中设置填充色为渐变色,然后选择"六边形"形状,在画面中心绘制形状,生成"形状2"图层,如图3-10所示。

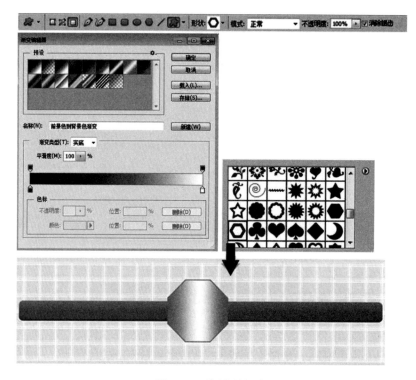

图3-10 绘制八边形

步骤 09 复制"形状2",生成"形状2拷贝"图层,将其移至"形状2"图层下方,按快捷键Ctrl+T结合"自由变换"命令适当调整角度,然后双击该图层,打开"图层样式"对话框,在对话框中选择"投影"选项设置参数,设置完成后单击"确定"按钮,如图3-11所示。

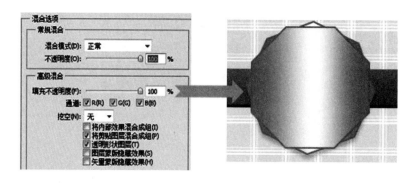

图3-11 复制"形状2"并进行参数设置

步骤 10 选择"钢笔工具",在属性栏中设置填充色为白色,在画面中绘制形状,将图层重命名为"高光",设置图层的"不透明度"为17%,按快捷键Ctrl+Alt+G为其创建剪贴蒙版,如图3-12所示。

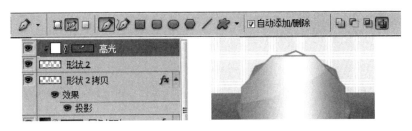

图 3-12　创建"剪贴蒙版"样式

步骤 11 在"格子拷贝 4"图层组上方新建图层,重命名为"绿草",然后选择"画笔工具",载入绿草笔刷,选中绿草画笔后设置画笔大小为 200 像素,设置前景色为深绿,在导航条上方涂抹,涂抹过程中稍微调整画笔大小,注意导航条与绿草的衔接,如图 3-13 所示。

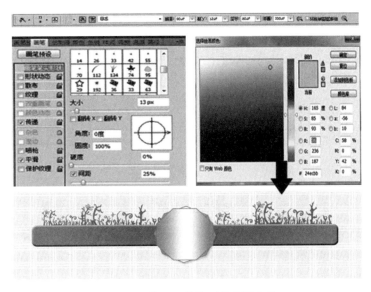

图 3-13　载入绿草笔刷并设置参数

步骤 12 新建"绿草 2"图层,继续使用"画笔工具",适当调小画笔参数后在形状周围涂抹,如图 3-14 所示。

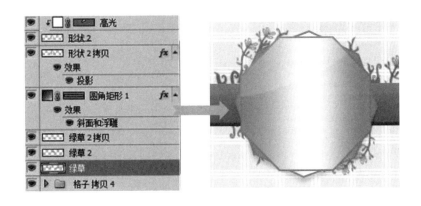

图 3-14　新建"绿草 2"图层并使用"画笔工具"涂抹

步骤13 选择"圆角矩形"工具,在属性栏中设置参数,然后在导航条上绘制白色线框,生成"圆角矩形2"图层,重命名为"线框",并将其移至图层面板最上方,如图3-15所示。

图3-15　选择"圆角矩形"工具创建"线框"图层

步骤14 复制多个"线框"图层,生成"线框拷贝1""线框拷贝2""线框拷贝3""线框拷贝4""线框拷贝5"图层,分别使用"移动工具"调整其位置,如图3-16所示。

图3-16　复制多个"线框"图层并使用"移动工具"调整位置

步骤15 选择"线框拷贝3"图层,在属性栏中更改填充色为深绿色,如图3-17所示。

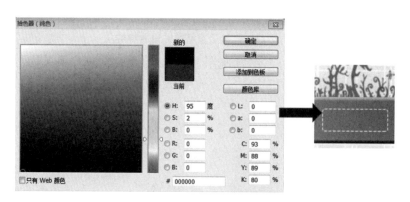

图3-17　在属性栏中更改填充色为深绿色

步骤16 新建"文字"图层组,选择"横排文字工具",打开"字符"面板,对文字的颜色、字号、字体等属性进行设置,然后在最左边的线框中输入白色文字信息,如图3-18所示。

图3-18 输入白色文字信息

步骤17 继续使用"横排文字工具",在剩余的线框中输入白色文字信息,如图3-19所示。

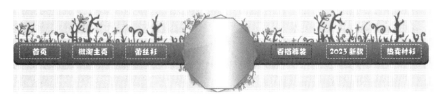

图3-19 在剩余的线框中输入白色文字信息

步骤18 使用"横排文字工具",打开"字符"面板,对文字的颜色、字号、字体等属性进行设置,然后在画面中心输入灰色文字信息,如图3-20所示。

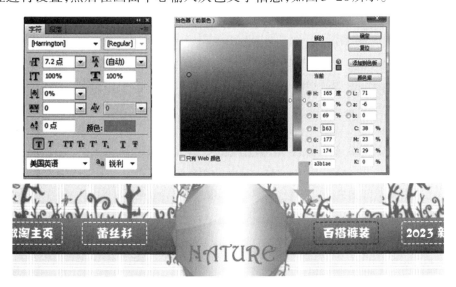

图3-20 对文字的颜色、字号、字体等属性进行设置

步骤19 双击该图层,打开"图层样式"对话框,选择"渐变叠加"选项,在"渐变编辑器"对话框中设置一个深绿色(R:77;G:128;B:65)到嫩绿色(R:202;G:226;B:115)的渐变,设置完成后单击"确定"按钮,最后设置图层的"不透明度"为70%,完

成编辑,如图3-21所示。

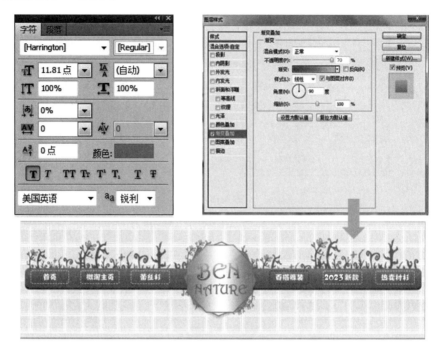

图3-21　利用"渐变编辑器"对话框完成导航条设置

【技能拓展】路径字

路径字的最大特点就是灵活性较强,可以沿路径用于广告中的任意地方。这种字体一般用于广告中元素周围较多,通过钢笔所绘制的路径,直接在其路径上输入文字即可完成效果的制作,如图3-22所示。

（a)原图　　　　　　　　（b)选择"钢笔工具"　　　　　　　（c)输入文字

图3-22　通过钢笔绘制路径输入文字完成效果制作

【课后习题】

为电器店铺设计店招与导航条,要求突出主题,素材自找,店名自拟,最后以PSD格式保存,具体效果如图3-23所示。

图3-23　电器店铺的店招与导航条效果图

第四章 欢迎模块的设计

实体店铺的商家一般会通过张贴活动海报来告知顾客店铺的相关动态，这些活动海报中通常会展示上架新品、折扣力度等信息，而网店由于平台的限制，不能通过张贴海报的方式来实现信息的传递，只能利用首页的欢迎模块来代替活动海报的功能。本章将对网店装修中欢迎模块的设计进行讲解。

【技能要求】

●欢迎模块中包含大量的主题文字编辑，需要熟练掌握"钢笔工具""文字工具"和众多形状绘制工具。

●学会根据顾客的要求或店铺信息推广的内容来确定欢迎模块的风格、布局、配色、文字和图片，按照设计构思制作案例。

一、了解欢迎模块

网店首页的欢迎模块是对店铺上架新品、促销活动等信息进行展示的区域,位于店铺导航条的下方,其面积一般比店招和导航条都要大,是顾客进入店铺首页时看到的最醒目的区域。接下来本章将对首页欢迎模块的设计规范和技巧进行讲解。

1.欢迎模块的分类

由于欢迎模块在网店首页占据了较大面积,如图4-1所示,因此其设计的空间也相应增大,需要传递的信息也更有讲究。如何找到产品卖点,怎样让文字与产品结合并与店铺风格融合,是设计欢迎模块需要考虑的问题。

欢迎模块与店招不同的是,它会随着店铺的销售情况进行改变,当店铺迎接特定节日或店庆等重要日子时,欢迎模块的内容会以相关的活动信息为主;当店铺最近上架了新的商品时,欢迎模块中的内容会以新品上架为主;当店铺有较大的变动时,欢迎模块还可以充当公告栏的作用,告知顾客相关信息。

图4-1　首页欢迎模块

欢迎模块根据其内容的不同,设计的侧重点也是不同的。例如,以新品上架为主要内容的欢迎模块,其画面主要表现新上架的商品,其设计风格也应当与新品的风格和特点保持一致,这样才能让画面完整地传达出店家所要表达的意思。

2.设计欢迎模块的前期准备和表现因素

在设计欢迎模块之前,我们必须明确设计的主要内容和主题,根据设计的主题来寻找合适的创意和表现方式。设计之前应当思考这个欢迎模块画面设计的目的,了解客户最容易接受的方式,以及如何让顾客轻松地接受,最后还要对同行业、同类型店铺的欢迎模块进行研究,得出结论后再着手欢迎模块的设计和制作,这样创作出来的作品才更加容易被市场和顾客认可。

总结欢迎模块设计的前期准备,通过图示进行表现,具体如图4-2所示。

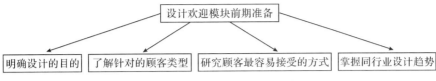

图4-2 欢迎模块设计前期准备

在设计欢迎模块时,需将文案梳理清晰,要知道表达的中心、主题是什么,衬托文字是哪些。主题文字尽量最大化,让它占据整个文字画面,可以考虑用英文来衬托主题。背景和主题元素需呼应,体现出平衡和变化,最好有疏密、粗细、大小的变化,在变化中求平衡,这样做出来的海报整体效果就比较理想。那么在设计欢迎模块的过程中,需要注意哪些因素呢?具体如图4-3所示。

图4-3 设计欢迎模块过程中所需注意的因素

二、实例:女式箱包"双12"促销欢迎模块设计

本例是为某女式箱包设计的促销页面,使用了较为鲜艳的色彩来进行表现,同时对画面进行合理分配,通过这些设计,让浏览者了解到商家的活动内容和感受到活动所营造的喜庆气氛,增加点击率和浏览时间,提高店铺装修的转化率。女式箱包"双12"促销设计效果如图4-4所示。

【效果展示】

图4-4 女式箱包"双12"促销欢迎模块设计效果图

【设计理念】

分析1 使用倾斜的字体和梯形,表现出画面的不稳定感,烘托出活动的热闹氛围,制造紧张感。

分析2 以玫红色、紫色为主的颜色搭配,能够表现出"双12"的喜庆气氛。

分析3 用时间轴的形式描述活动的时间周期,让活动时间更加直观,便于顾客把握购买的时间。

分析4 醒目的活动主题文字占据较大的位置,将其与商品图案进行一定位次排列,可有效传递出活动的信息。

【设计步骤】

步骤01 创建一个新的文件,新建一个渐变填充图层,在打开的"渐变填充"对话框中进行设置,使用渐变色作为活动区域的背景色,如图4-5所示。

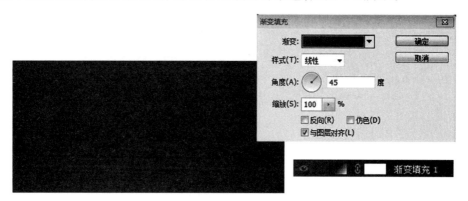

图4-5　使用渐变色作为活动区域的背景色

步骤02 使用"矩形选框工具"创建矩形选区,为该选区创建颜色填充图层,设置填充色为玫红色,将其作为时间轴的背景色,如图4-6所示。

图4-6　使用"矩形选框工具"绘制时间轴背景色

步骤03 双击颜色填充图层,在打开的"图层样式"对话框中添加"投影"样式,并在相应的选项组中进行设置,让矩形条显得更加立体,如图4-7所示。

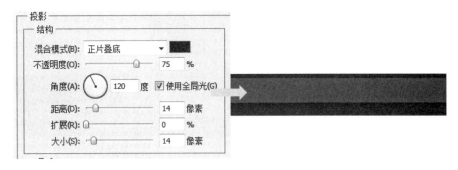

图4-7　添加"投影"样式

步骤04 使用与步骤02和步骤03中类似的方法,在区域右上角的位置创建较小的矩形条,填充紫色,并应用适当的"投影"图层样式,如图4-8所示。

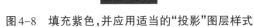

图4-8　填充紫色,并应用适当的"投影"图层样式

步骤05 先用"多边形套索工具"创建选区,再为创建的选区创建渐变填充图层,对活动区域进行分割,并应用适当的"投影"图层样式,如图4-9所示。

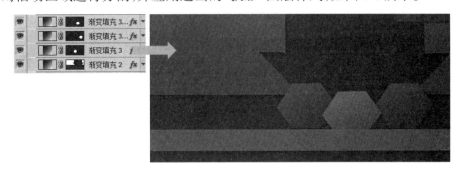

图4-9　创建选区并填充图层,应用适当的"投影"图层样式

步骤06 将女式箱包素材添加到图层中,然后创建图层组,把编辑完成的图层都拖动到其中,便于管理和编辑,如图4-10所示。

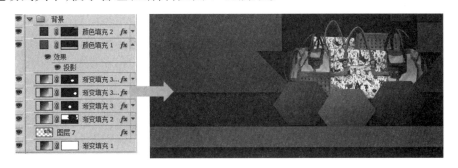

图4-10　添加女式箱包素材,创建图层组

步骤07 选择工具箱中的"横排文字工具",在图像窗口单击并输入文字,然后按快捷键Ctrl+T,通过自由变换框对文字的方向进行调整,如图4-11所示。

图4-11 使用"横排文字工具"输入文字并做调整

步骤08 双击文字图层,在打开的"图层样式"对话框中为文字添加"投影""描边""渐变叠加"和"内阴影"图层样式,并在相应的选项组中进行设置,让文字更有表现力,如图4-12所示。

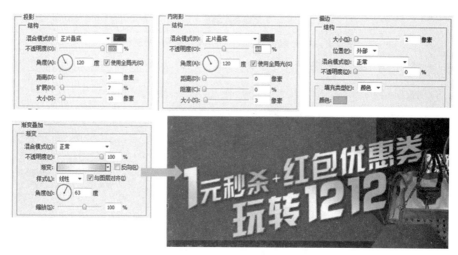

图4-12 利用"图层样式"修饰文字

步骤09 使用"多边形套索工具"创建三角形的选区,并为其填充颜色,作为文字周围的修饰形状,再添加与文字相同的图层样式效果,如图4-13所示。

图4-13 使用"多边形套索工具"创建三角形的选区

步骤10 使用"椭圆选框工具"和"矩形选框工具"创建选区,使其形成时间轴的外形,接着为选区填充适当的颜色,放在活动区域的下方,如图4-14所示。

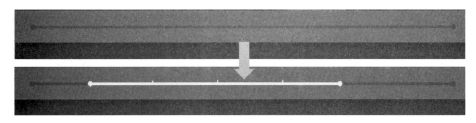

图4-14 使用"椭圆选框工具"和"矩形选框工具"创建选区

步骤11 使用"横排文字工具",在适当的区域单击,输入文字,并打开"字符"面板对文字的属性进行设置,将文字放在时间轴的适当位置,如图4-15所示。

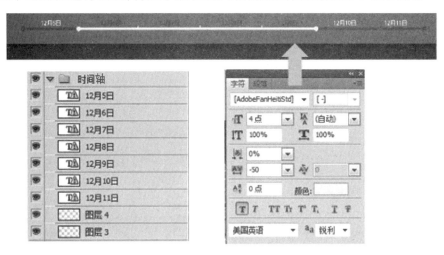

图4-15 使用"横排文字工具"输入文字

步骤12 使用"横排文字工具"输入文字,并用"多边形套索工具"创建选区,填充上适当的颜色,对活动区域的活动文字和修饰图形进行编辑,如图4-16所示。

图4-16 使用"多边形套索工具"创建选区并进行编辑

步骤13 新建图层,将所需的素材添加到需编辑的文件中,然后按快捷键Ctrl+T,使用自由变换框对素材的大小进行调整,并单击拖动到活动区域的适当位置,在图像窗口中可以看到编辑的效果,如图4-17所示。

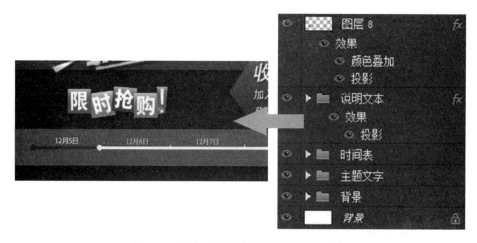

图4-17　添加所需素材并调整位置和大小

步骤14 为添加的素材应用"投影"和"颜色叠加"图层样式,并在打开的"图层样式"对话框中对相应的选项进行设置,最后对画面中的各个设计元素进行微调,完成编辑,如图4-18所示。

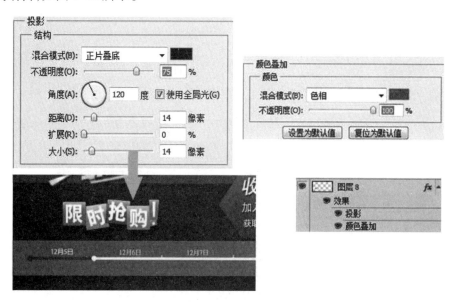

图4-18　利用"图层样式"对相应选项进行设置

三、实例:童装上新欢迎模块设计

儿童的世界是天马行空、丰富多彩的。童装网店中的欢迎模块设计,最好在颜色上符合儿童的年龄特点,采用五彩缤纷的颜色,营造轻松愉悦的氛围。除了要展示店铺所销售的童装风格,还要利用欢迎模块营造出童趣盎然的效果,以此来打动儿童和家长的心。本案例就是为某品牌童装所设计的欢迎模块,图4-19所示画面中使用了照片绳作为主要的设计元素来展示新上架的服装。

【效果展示】

图4-19　童装上新欢迎模块设计效果图

【设计理念】

分析1　色彩搭配上,案例中颜色对比强烈,能增强视觉冲击力。画面主色调采用鲜艳的蓝色和红色,营造出明亮轻快的视觉效果,这样的颜色设计,可以使人产生非常明快的感觉。

分析2　设计元素使用了可爱清新的照片绳为主体,通过错落有致的摆放来增强图片之间的层次感,能够抓住浏览者的视线,使其产生一定的好奇心理,延长浏览的时间。

分析3　画面中使用了绿色的蔓藤植物进行装饰,嫩绿的色彩为画面增添了一份清新自然的感觉,更贴近儿童纯真、纯净的心灵。

分析4　使用多种不同的字体进行组合,提高画面的设计感。

【设计步骤】

步骤01 在Photoshop中新建一个文档,将素材添加到页面中,并适当调整照片的大小,让图像窗口只显示天空部分,如图4-20所示。

图4-20　调整照片大小显示天空部分

步骤02 创建色彩平衡调整图层,在打开的"属性"面板中设置"中间调"选项下的色阶值分别为−65、+12、−18,调整画面整体的颜色,如图4-21所示。

图4-21　创建色彩平衡调整图层

步骤03 依次执行"图层""新建填充图层""纯色"菜单命令,在打开的"拾色器"对话框中设置填充色(R:197,G:246,B:238),使用"渐变工具"对该填充图层的蒙版进行编辑,在图像窗口可以看到编辑的效果,如图4-22所示。

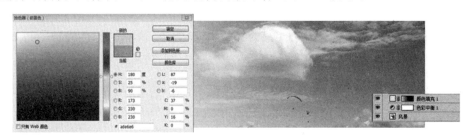

图4-22　通过"拾色器"调整填充颜色

步骤04 再次创建一个填充图层,在打开的"拾色器"对话框中设置填充色为R255、G240、B246,接着在"图层"面板中设置该图层的混合模式为"柔光",在图像窗口可以看到如图4-23所示的效果。

图4-23　设置该图层混合模式为"柔光"效果图

步骤05 选择工具箱中的"矩形工具",在图像窗口中绘制一个矩形,设置适当的颜色进行填充,接着为该图层添加"投影"样式,如图4-24所示。

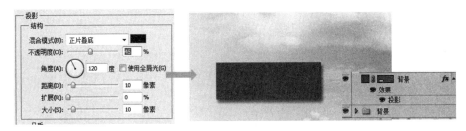

图4-24 为图层添加"投影"样式

步骤06 使用"矩形工具"和"椭圆工具"在图像窗口中绘制出其他形状,分别为绘制的形状设置适当的填充色,在"图层"面板中可以看到如图4-25所示的显示效果。

图4-25 使用"矩形工具"和"椭圆工具"在图像窗口中绘制出其他形状

步骤07 选择工具箱中的"横排文字工具",在图形窗口的适当位置单击并输入所需文字,完善画面内容,接着在"图层"面板中创建图层组,命名为"文字",将用于编辑和装饰主题文字的图层全部拖动到其中,如图4-26所示。

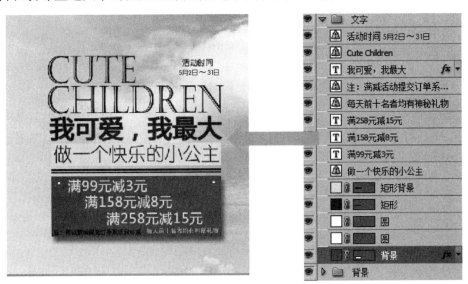

图4-26 拖动用于编辑和装饰主题文字的全部图层

步骤08 选择工具箱中的"钢笔工具",利用形状之间的加减完成照片背景形状的绘制。为绘制的形状设置填充色为白色,无描边色,并将其放在图像窗口中适当的位置,如图4-27所示。

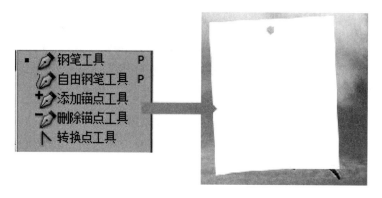

图4-27　绘制背景形状并填充颜色

步骤09 使用"钢笔工具"绘制出绳索的形状,填充灰色,无描边色,接着为该形状添加"斜面和浮雕"样式,如图4-28所示。

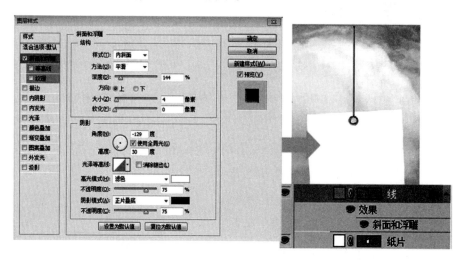

图4-28　使用"钢笔工具"绘制出绳索的形状

步骤10 选择工具箱中的"横排文字工具",在图像窗口的适当位置单击并输入所需文字。打开"字符"面板对文字的属性进行调整,最后创建图层组,对图层进行管理,如图4-29所示。

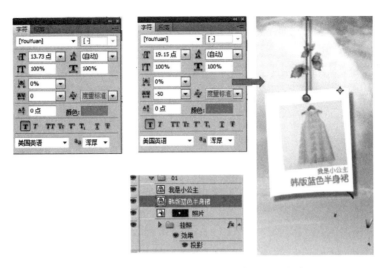

图4-29 使用"横排文字工具"输入所需文字

步骤11 参考前面绘制悬挂照片的编辑方法,制作出其余的悬挂照片。在"图层"面板中可以看到编辑的图层组效果,如图4-30所示。

图4-30 制作出其余的悬挂照片

步骤12 为画面添加藤蔓和树叶,这里可以根据需要选择素材,不仅可以使用位图,也可以用矢量绘制的树叶来进行编辑,最后用"投影"修饰部分素材,如图4-31所示。

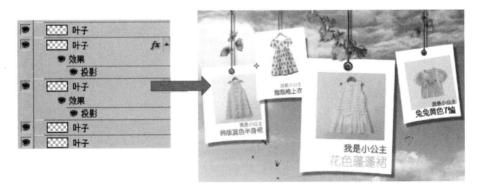

图4-31 为画面添加藤蔓和树叶

步骤 13 创建曲线调整图层,在打开的"属性"面板中设置曲线的形状,接着将曲线调整图层的蒙版填充黑色,使用白色的"画笔工具"对蒙版进行编辑,只对部分树叶应用效果,使其更加明亮,如图4-32所示。

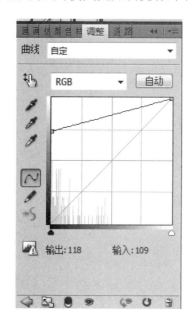

图4-32 创建曲线调整图层

步骤 14 将叶子素材都添加到选区中,为创建的选区创建色彩平衡调整图层,设置"中间调"选项下的色阶值分别为-55、+33、-76,如图4-33所示。

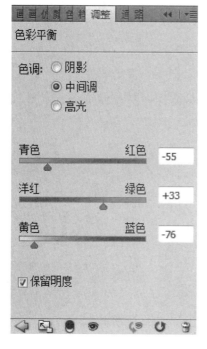

图4-33 创建色彩平衡调整图层

【技能拓展】拉丝背景

拉丝背景的一大特点是富有十足的动感,多用于与时尚、潮流、精品相关的商品广告,拉丝背景的常见效果如图4-34所示。

图4-34　拉丝背景常见效果图

步骤01 选择工具箱中的"渐变工具",在选项栏中设置渐变颜色从蓝色到黑色(R:38;G:44;B:244)的径向渐变,然后在画布中从右上角向左下角拖动填充渐变,如图4-35所示。

图4-35　使用"渐变工具"设置渐变颜色

步骤02 在画布中直接输入相关文字,如图4-36所示。

图4-36　在画布中直接输入相关文字

步骤03 选中文字图层,依次执行菜单中的"图层""栅格化""文字"命令,将当前文字图层栅格化,如图4-37所示。

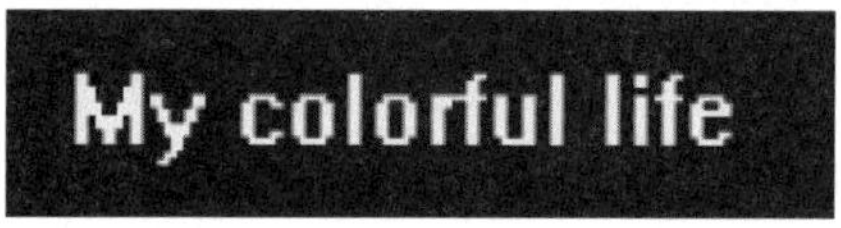

My colorful life

图4-37　将文字图层栅格化

步骤04 选中文字图层,依次执行菜单栏中的"滤镜""模糊""动感模糊"命令,在弹出的对话框中将"角度"更改为90度,"距离"更改为150像素,如图4-38所示。

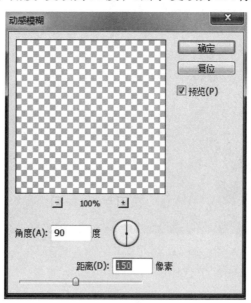

图4-38　更改"动感模糊"命令相关选项参数

步骤05 在"图层"面板中选中文字图层,按住Ctrl键的同时,多次按F键重复执行"动感模糊"命令,直至达到满意效果为止。然后按住Alt+Shift组合键将添加滤镜后的图形平移复制数个,这样就完成了拉丝背景的制作。

【课后习题】

以女式袜子为素材,要求设计一个用于"双12"的活动模块,应用于淘宝网的天猫平台,要求画面色彩协调,但设计元素的颜色不能超过4种,画面主次分明,活动的主题文字突出,有较强的吸引力,如图4-39中c图所示。

（a）素材1　　　　　　　　　　（b）素材2

（c）最终效果图

图4-39　女式袜子"双12"活动模块

第五章　收藏区的设计

　　收藏区是网店装修设计中的一部分,它可以提醒顾客对店铺及时进行收藏,以便再次访问,是增加顾客回头率的一项设计。本章将对收藏区的设计进行系统讲解。

【技能要求】

　　●能够在"字符"面板中调整设置来改变文字的外观,使其更加独特。能够使用形状工具来制作画面中的修饰形状,并通过图层样式进行美化。

　　●根据店铺的风格或者设计画面的尺寸,来对店铺收藏区中包含的必要文字进行合理的布局,接着使用风格和色彩一致的修饰元素进行装饰。

一、了解收藏区

收藏区主要显示在网店首页位置,很多网店平台会在固定区域用统一的按钮或图标对收藏店铺进行提醒。图5-1所示为淘宝网网店中首页"收藏店铺"的置顶显示效果,但是店家为了提升店铺的人气,增加顾客的回头率,往往还会在店铺的其他位置设计收藏区。

图5-1　淘宝网网店首页"收藏店铺"的置顶显示效果

收藏店铺就是顾客将感兴趣的店铺添加到收藏夹中,以便再次访问时可以轻松地找到相应的店铺。在同类店铺中,被收藏数量较高的店铺,曝光量往往要比其他店铺高。店铺收藏区的设计较为灵活,它可以直接设计在店招中,也可以单独显示在首页的某个区域。网店装修中,收藏区可以存在网店首页或详情页面的多个位置,例如,将"收藏店铺"设计在店招中和首页底部,效果如图5-2所示。但是"收藏店铺"不是一味地胡乱添加,它的设计也是有讲究的,是要在与周围的设计元素相互融合且风格一致,不影响整体视觉效果的情况下添加的。

图5-2　将"收藏店铺"设计到店招中和首页底部的效果

收藏区通常由简单的文字和广告语组成,一般情况下设计的内容较为单一,而有的商家为了吸引顾客的注意,也会将一些商品图片等添加到里面,达到推销商品和提高收藏率的双重目的。图5-3所示为单独设计的收藏区,不仅在其中添加了商品的照片,还添加了很多店铺的优惠信息。

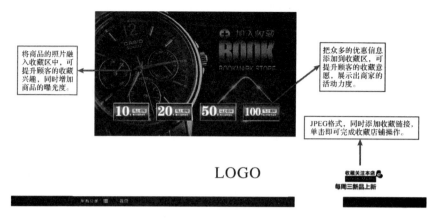

图5-3　单独设计的收藏区

通常情况下,店铺收藏区的设计会使用JPEG这种静态的图片来表现。除此之外,还可以使用GIF格式的图片,即使用帧动画制作的动态图片,这种闪烁的图片更容易引起顾客的注意,提高网店的收藏数量。

二、实例:以店庆为主题的收藏区设计与详解

本案例将店庆与收藏区结合起来设计,通过暖色调营造出浓浓的欢乐、喜庆气氛,让顾客在浏览店铺页面时,及时看到收藏提示信息,能够大幅提升顾客的收藏意愿。

【效果展示】

图5-4　以店庆为主题的收藏区效果图

【设计理念】

分析1 使用红色和橘色进行搭配,利用暖色调营造出画面色彩的协调感,而明度高、纯度高的暖色调具有引起心理亢奋的作用,能够刺激消费者的情绪,使其产生消费欲望,有助于商品的销售。

分析2 在设计本案例的过程中,使用圆形的光斑和白色的星光作为修饰,让画面呈现出一种闪耀、夺目的感觉,可丰富画面的表现效果,引燃顾客的激情。

分析3 为标题文字制作出渐隐的投影效果,使得文字更加立体,更显精致。

分析4 文字字体、大小和位置的合理设计,让画面显得更加协调、美观,能够使信息得到有效传达。

【设计步骤】

步骤01 创建一个新的文件,新建一个渐变填充图层,在打开的"渐变填充"对话框中进行设置,使用渐变色作为收藏区的背景色,如图5-5所示。

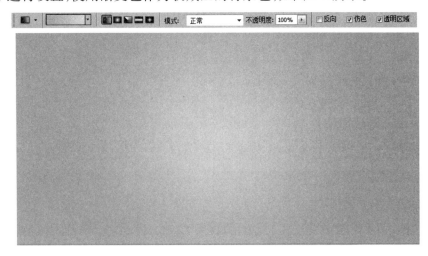

图5-5 使用渐变色作为收藏区的背景色

步骤02 使用"钢笔工具"绘制出下方位置的弧形,使用"渐变叠加"图层样式对其进行修饰,并在相应的选项卡中对各个选项的参数进行设置,如图5-6所示。

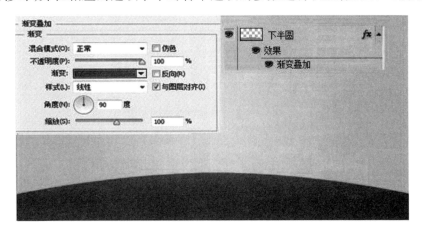

图5-6 使用"渐变叠加"装饰下方弧形

步骤03 使用"钢笔工具"绘制出上方位置的弧形,填充适当的颜色,放在合适的位置,然后双击图层,在打开的"图层样式"对话框中勾选"描边"复选框,在相应的选项卡中进行设置,如图5-7所示。

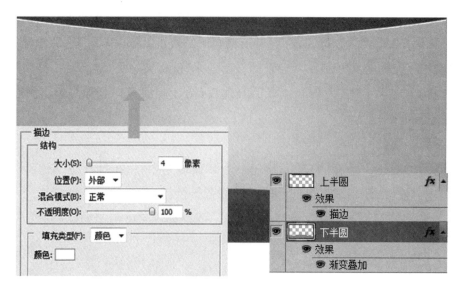

图5-7　使用"描边"设置下方弧形

步骤 04 使用"横排文字工具"添加所需文字,然后打开"字符"面板,对文字的属性进行设置,并使用"图案叠加"样式对其进行修饰,如图5-8所示。

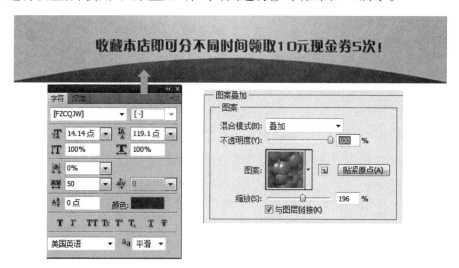

图5-8　设置文字属性并修饰文字

步骤 05 绘制一个矩形,使用"渐变叠加"样式对其进行修饰,接着添加"收藏本店"字样,打开"字符"面板对文字的属性进行设置,如图5-9所示。

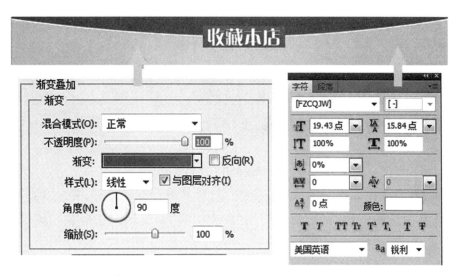

图5-9 修饰矩形并设置文字属性

步骤06 使用"横排文字工具"添加"店庆送豪礼"字样,然后打开"字符"面板设置文字的属性,接着使用"渐变叠加"和"投影"样式对文字进行修饰,如图5-10所示。

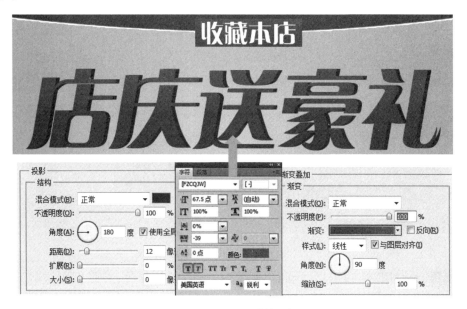

图5-10 设置文字属性并修饰文字

步骤07 使用"矩形工具"绘制一个矩形,填充适当的颜色,然后通过"横排文字工具"添加所需文字,放在矩形中的适当位置,如图5-11所示。

图5-11　绘制矩形并在上面添加文字

步骤08 复制前面编辑完成的标题文字,对其进行翻转处理,并放在适当的位置,降低其图层的不透明度,然后使用"渐变工具"对其图层蒙版进行编辑,如图5-12所示。

图5-12　处理标题文字

步骤09 使用"矩形工具"和"钢笔工具"制作出红包的形状,填充适当的颜色,然后将包含红包的图层合并在一起,命名为"红包",如图5-13所示。

图5-13　制作红包形状并合并相应图层

步骤10 使用"椭圆工具"绘制出圆形,填充适当的颜色,并降低图层的不透明度,然后按快捷键Ctrl+J对绘制的图层进行复制,接着适当调整光斑的大小和位置,使用创建的图层组对图层进行管理,如图5-14所示。

图5-14　绘制圆形并对其进行处理

步骤11 使用"横排文字工具"为画面添加所需文字,对文字的大小、颜色等属性进行适当的设置,并使用"矩形工具"绘制矩形,完善画面内容,如图5-15所示。

图5-15　添加文字、矩形以完善画面

步骤12 使用"画笔工具"绘制出星光图案,填充白色,然后将绘制的星光图案放在文字上,对文字进行修饰,在图像窗口中可以看到编辑的效果,如图5-16所示。

图5-16　为文字添加星光效果

步骤13 对前面编辑的光斑图层进行复制,将光斑放在画面的上方,并细微调整其余对象的位置,完成制作,如图5-17所示。

图 5-17　复制光斑图层并进行调整

【技能拓展】弧形标识

弧形标识的摆放类似于长条形标识,它在商品广告中通常起辅助作用。相对而言,弧形标识的外观更加圆滑,能给人一种亲切的感觉,如图5-18所示。

图 5-18　弧形标识

步骤01 选择工具箱中的"矩形选框工具",按住 Shift 键的同时,按住鼠标并拖动,在画布中创建一个正方形选区。将前景色设置为紫色(R:198;G:25;B:192),然后按 Alt + Delete 组合键对选区进行填充,再按 Ctrl + D 组合键将选区取消,如图5-19所示。

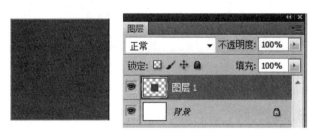

图 5-19　创建正方形选区并设置前景色

步骤02 选择工具箱中的"椭圆选框工具",将光标移至绘制的正方形右下方,按住 Shift 键绘制正圆选区,如图5-20所示。

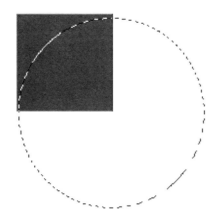

图5-20　绘制正圆选区

步骤03 在"图层"面板中选中"图层1"图层,按Delete键将其选区内的图形删除,再按Delete+D组合键将选区取消,如图5-21所示。

图5-21　删除"图层1"中的选区

步骤04 选择工具箱中的"横排文字工具",在画布中输入相关文字并将其移动至修剪后的图形上方,这样就完成了最终的制作。

【课后习题】

以黑白的剪影为素材,设计一个卡通风格的店铺收藏区,在画面中添加关注、活动和收藏优惠等信息,并利用文字的粗细、大小等外观来体现主体关系,要求色彩简单,最多不能超过4种颜色。具体的设计效果如图5-22(b)所示。

(a)素材　　　　　　　　　　　　(b)效果图

图5-22　卡通风格店铺收藏区素材与效果图

第六章　客服区的设计

网店的客服与实体店铺中的售货员作用是一样的,都是为顾客答疑解惑的,不同的是网店客服是通过聊天软件与顾客进行交流的。那么,将客服区设计成什么样子、放在哪个位置,才能提升顾客咨询的兴趣呢? 本章将对网店客服区的设计规范进行讲解。

【技能要求】

●能够在"字符"面板中调整设置来改变必要文字的外观,使其更加独特。能够使用形状工具来制作画面中的修饰形状,并通过"图层样式"进行美化。

●根据店铺的风格或者设计画面的尺寸,来对店铺客服区进行合理的布局,接着使用风格和色彩一致的修饰元素进行装饰。

一、了解客服区

网店客服主要利用聊天软件,给顾客提供售前咨询和售后服务等。目前,一些网购平台都设有网店客服。例如,淘宝网就设置了在线客服,旨在让淘宝掌柜更高效地管理网店,更及时地把握商机,更从容地应对繁忙的生意。本章将以淘宝旺旺为例,讲解网店装修中客服区的设计。图6-1所示为网店中客服区的设计效果。

图6-1　网店客服区设计效果

网店的客服区会存在于网店首页的多个区域,如图6-2所示。此外,网购平台都会在网店首页的最顶端统一定制客服的联系图标,以便顾客查找。而很多专业的网店,为了凸显店铺的专业性和服务品质,在首页的多个区域都会添加客服区,以便顾客及时联系工作人员。

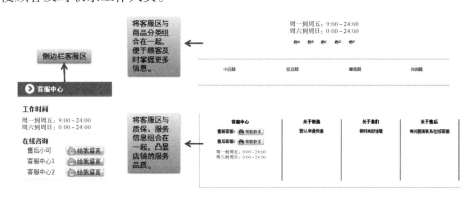

图6-2　客服区的位置

在设计网店客服区的时候,对于聊天软件的图标尺寸是有具体要求的。以淘宝中的旺旺头像为例,如果使用单个的旺旺图标作为客服区的链接,那么其宽度为16像素,高度为16像素;如果使用添加了"和我联系"或"手机在线"字样的旺旺图标,则其宽度为77像素,高度为19像素。在制作过程中,我们一定要以规范的尺寸进行创作。

二、实例:素雅风格客服区的设计与详解

本案例是为某装饰画店铺设计的客服区,在设计中将水墨画与店铺客服组合在一起,根据水墨画的色彩和风格来设计画面,使其呈现出素雅的风格,具体设计和制作效果如图6-3所示。

【效果展示】

图6-3　素雅风格客服区效果图

【设计理念】

分析1　把水墨画安排在画面中,根据图片的色彩对文字和装饰元素的色彩进行搭配,利用低纯度的褐色营造出朴素、淡雅的视觉效果,整个画面的色彩浓度偏低,给人以怀旧之情。

分析2　将客服和商品分类以横向的方式整齐地排列在一起,看上去工整、一目了然。

分析3　画面的下方利用"官方正品""完美导购"和"100%实物拍摄"三项内容来提升客服区的服务品质,提高店铺的档次,通过图文结合的方式展示画面,更加生动、形象。

分析4　旺旺图标的色彩与整个画面的色调形成强烈的反差,显得更为醒目。

【设计步骤】

步骤01 创建一个新的文档,将所需的水墨画素材拖动到图像窗口中,得到一个智能对象图层,调整图像大小,使其铺满整个画布,如图6-4所示。

图6-4　拖动所需水墨画素材到图像窗口中

步骤02 创建色阶调整图层,在打开的"属性"面板中对参数进行设置,然后使用"渐变工具"对其图层蒙版进行编辑,效果如图6-5所示。

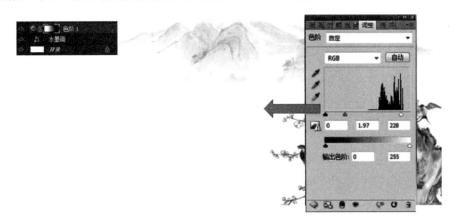

图6-5 创建色阶调整图层

步骤03 使用"横排文字工具"输入客服名称及修饰符号,然后打开"字符"面板,分别对文字的属性进行设置,并按照所需的位置排列对象,在图像窗口中可以看到编辑后的效果,如图6-6所示。

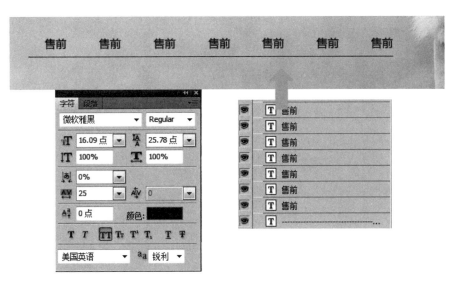

图6-6 输入客服名称及修饰符号,排列对象

步骤04 将所需的旺旺头像添加到图像窗口中,然后按快捷键Ctrl+T对图像大小进行调整,复制旺旺头像,进行位置调整后,在图像窗口中可以看到编辑后的效果,如图6-7所示。

图6-7 添加所需的旺旺头像到图像窗口中

步骤05 使用"圆角矩形工具"绘制出黑色的边框,再进行复制,按照相同的间

隔进行排列,在图像窗口中可以看到编辑的效果,如图6-8所示。

图6-8　绘制黑色边框并排列

步骤06 使用"横排文字工具"输入所需的分类信息文字,然后打开"字符"面板,对文字的字体、字号和颜色等属性进行设置,接着创建图层组,对编辑的图层进行分类和整理,如图6-9所示。

图6-9　输入分类信息文字并整理图层

步骤07 使用"矩形工具"绘制一个矩形,填充适当的颜色,无描边色,然后将其放在画面的底部,在图像窗口中可以看到编辑的效果,如图6-10所示。

图6-10　绘制矩形并填充颜色

步骤08 选择工具箱中的"钢笔工具",绘制出所需的图标,然后设置填充色为白色,无描边色,接着将其放到矩形适当的位置,如图6-11所示。

图6-11　绘制所需图标并设置填充色

步骤09 使用"钢笔工具"绘制出所需的盾牌图标,然后使用"横排文字工具"添加所需的文字,打开"字符"面板设置属性,如图6-12所示。

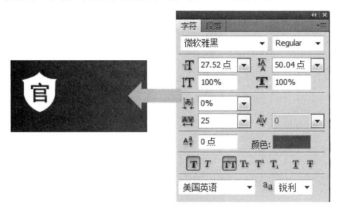

图6-12　绘制盾牌图标并添加文字

步骤10 选择工具箱中的"横排文字工具",输入所需文字,打开"字符"面板对文字的字体、字号和颜色进行设置,放在图标的右侧,如图6-13所示。

图6-13　输入所需文字并设置相关选项

三、实例：客服区与收藏区结合的设计

【效果展示】

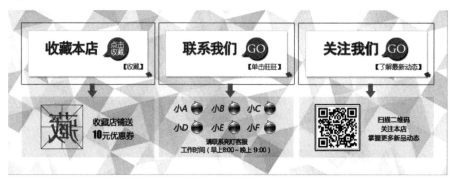

图6-14　客服区与收藏区结合的设计效果图

【设计理念】

使用"矩形工具"对画面进行布局，将网店客服区和收藏区中的内容相结合，设计出具有服务性质的专属模块，色彩简约，布局合理。

【设计步骤】

步骤01 在 Photoshop 中新建文档，使用素材制作出画面的背景，并通过创建和编辑"色阶"调整图层背景的影调，如图6-15所示。

图6-15　使用素材制作出画面的背景

步骤02 使用"矩形工具"和"钢笔工具"绘制出画面所需的形状，并利用"图层不透明度""描边"和"投影"样式对绘制的形状进行修饰，如图6-16所示。

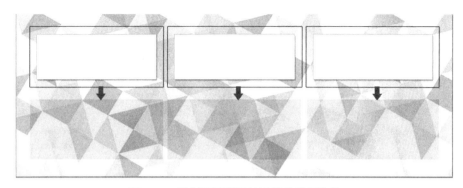

图6-16　绘制画面所需的形状并进行修饰

步骤03 使用"横排文字工具"为画面添加所需的文字,通过"字符"面板设置文字的属性,接着利用"自动形状工具"绘制出聊天气泡,如图6-17所示。

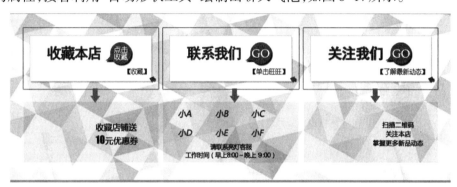

图6-17　添加所需文字并绘制聊天气泡

步骤04 为画面添加旺旺头像和二维码两种素材,适当调整素材的大小和位置,最后绘制出具有翻转效果的"藏"字,细微调整各个部分,完成制作,具体效果如图6-18所示。

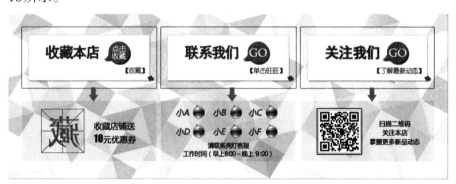

图6-18　为画面添加旺旺头像和二维码两种素材

【课后习题】

制作可爱风格的客服区,在设计中使用外形可爱的字体,以及俏皮可爱的卡通形象,显得亲近、自然。最终效果如图6-19中b图所示。

（a）素材

（b）效果图

图6-19　可爱风格客服区素材及效果图

第七章　商品描述页面的设计

　　商品描述页面,就是对网店中销售的单个商品的细节进行介绍,在设计过程中需要注意规范,以求用最佳的图像和文字来展示商品的特点。本章将详细介绍商品描述页面的具体设计原则和技巧。

【技能要求】

　　●能够使用"图层蒙版"将商品的局部显示出来,突出商品的细节特点,并利用"钢笔工具""选框工具"等创建选区。同时能够使用"调整图层"对商品照片的颜色和影调进行调整。

　　●根据商品的特点,从不同的角度将商品的局部放大,让顾客了解到更多的商品信息,引导顾客购买商品,从而提高成交率。

一、了解商品描述页面

1.商品描述页面的设计原则

在网店装修的过程中,由于网购平台对各个区域商品图片尺寸要求严格,不管是首页还是详情页,每个展示的图片都有相应的要求,因此,处理商品图片的尺寸显得格外重要。只有图片大小合格,才能让顾客觉得店铺很正规、很专业。在设计商品描述页面的过程中,我们会对商品的橱窗照和详情页面进行设计,接下来就对这两个区域的图片尺寸和设计原则进行讲解。

(1)商品橱窗照。

商品详情页面中的橱窗照位于商品详情页面的最顶端,基本的尺寸要求是宽度310像素,高度310像素。如果宽度和高度大于800像素,那么顾客在点击查看图片时,就需使用放大镜功能进行查看。

在设计橱窗照的过程中,只要能够将商品清晰、完整地展示出来即可。图片清晰、完整度是最基本的设计要求,如图7-1所示。

图7-1 商品描述页面设计

(2)商品详情页面。

商品详情页面是对商品的使用方法、材质、尺寸、细节等方面内容进行展示的页面。有的店家为了带动店铺内其他商品的销售,或者提升店铺的品牌价值,还会在商品详细页面中添加搭配套餐、公司简介等信息,以此来树立商品的形象,提升顾客的购买欲望。

本章主要对商品详情页面的设计进行介绍,在进行具体案例创作前,我们先对商品详情页面设计中需要注意的一些问题进行讲解。

商品描述图的宽度是750像素,高度不限。商品详情页直接影响成交转化率,其内容要根据商品的具体情况来确定。只有图片处理得合理,才能让店铺看起来比较正规和专业,进而吸引顾客的注意。合理处理图片也是装修商品详情页面中最基本的要求,其具体要求如图7-2所示。

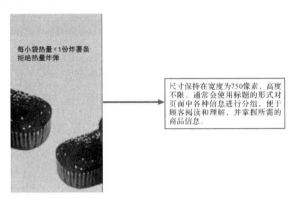

图7-2　商品描述图尺寸及信息

2.在商品描述页面突出卖点的技巧

在网购过程中,买家因见不到实物,无法准确感知商品的实际情况,此时商品描述页面就显得尤为重要。

商品描述页面只能通过文字和图片展示商品细节,这种静态的信息沟通方式,要求卖家在整个商品详情页面的布局中注意一个关键点,那就是阐述逻辑,图7-3为商品描述页面的基本营销思路。

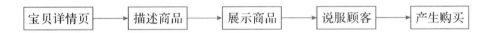

图7-3　商品描述页面的基本营销思路

商品描述页面的设计主要包括三个方面,分别是商品图片类型、细节展示、产品规格及参数展示。接下来对这三个方面进行讲解,让设计者能够从这三个方面凸显出商品的卖点和特征,从而提高商品描述页面的转化率。

(1)商品图片的类型。

用户购买商品最主要看的是商品展示的部分,因此展示部分需要让顾客对商品有一种直观的感受。这部分通常是以图片的形式来展现,分为摆拍图和场景图两种类型,具体如图7-4所示。

场景图能够在展示商品的同时,从一定程度上烘托氛围。场景图通常需要较高的成本和一定的拍摄技巧,适合有一定经济实力、有能力把控商品的展现尺度的商家。因为场景的引入者是运用得不好,反而会增加图片的无效信息,分散主题的吸引力。

(a)摆拍图

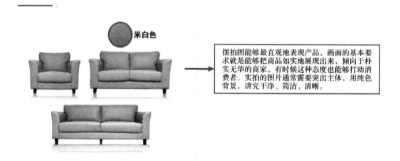

摆拍图能够最直观地表现产品,画面的基本要求就是能够把商品如实地展现出来,倾向于朴实无华的商家,有时候这种态度也能够打动消费者。实拍的图片通常需要突出主体,用纯色背景,讲究干净、简洁、清晰。

(b)场景图

图7-4　摆拍图和场景图

不论是以场景图的形式展示商品,还是以摆拍图的形式展示商品,最终的目的都是想让顾客掌握更多的商品信息。因此在设计图片的时候,首先要注意的就是图片的清晰度,其次是图片色彩的真实度,力求逼真而完美地展现商品。

(2)商品细节的展示。

在商品描述页面中,顾客可以大致了解商品,而要想让顾客对商品印象深刻,从而产生购买欲望,则需要展示商品具有特点的细节。细节展示是让客户更加了解这个商品的主要手段,客户熟悉商品才是促成交易的关键一步,而细节的展示可以通过多种表现方法来进行,具体如图7-5所示。

（a）将商品重点部位放大展示

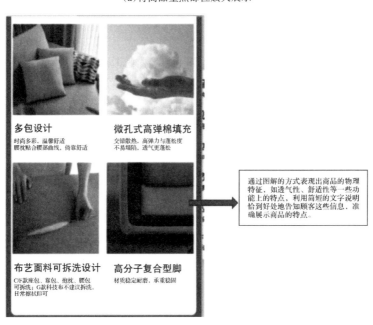

（b）通过图解的方式表现出商品的一些物理特征

图7-5　商品细节的展示

　　其实大多数的商家都知道商品详情页面应注重细节的展示,于是很多淘宝网店卖家的细节图中包含了过多的内容,这样的设计反而适得其反,信息的繁杂会让顾客失去阅读的耐心。细节图只要抓住买家最需要了解的信息进行展示即可,其中没有必要放的就不放。此外,过多的细节图展示,会让网页中图片显示因内容过多而产生较长的缓冲时间,造成顾客的流失。

(3)商品尺寸和规格展示的重要性。

图片是不能完全反映商品的真实情况的,因为图片在拍摄的时候是没有参照物的,即便有的商品图片有参照物作对比,也是没有具体的尺寸说明的。顾客没有进行真实的测量,就不能形成具体的宽度和高度的概念。经常有买家买了商品后要求退货,其中很大一部分原因就是与预期相差太多,而商品的预期印象就是商品照片给予的,所以我们需要加入产品规格参数的模块,才能让买家对商品有正确的预估,如图7-6所示。

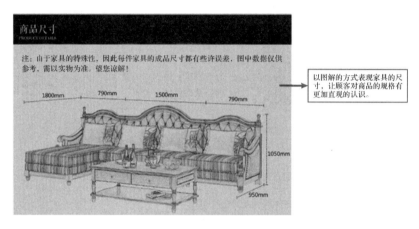

图7-6　商品尺寸和规格的描述与展示

相对于其他商品而言,服装尺寸的展示显得尤为重要,对于商家来说,在尺寸方面采用越接近用户认知的方式去描述,描述的内容越全面,能在很大程度上避免消费者在尺寸方面遇到问题,同时也能降低由于尺寸问题造成的退换货的概率。

二、实例:礼服细节展示设计

本案例是为婚纱礼服所设计的商品描述页面,画面中的婚纱为高明度的浅色系,因此在设计中以白色作为背景色,通过放大且突出展示的方式表现细节,并用简单的文字进行说明。

【效果展示】

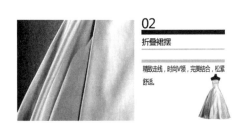

图7-7　礼服细节展示设计效果图

【设计理念】

分析1　因为礼服的颜色饱和度较低，所以文字和修饰图形的颜色选择了明度最低的黑色进行搭配，产生了简约、大气的视觉效果。

分析2　使用错落有致的图像放置方法，让画面版式显得灵活多变，增强了设计感。

分析3　使用细小的矩形来对每组细节进行分割，使顾客能够更加直观和准确地理解商品信息。

【设计步骤】

步骤01　根据设计所需，在Photoshop中新建一个文档，使用"钢笔工具"和"矩形工具"绘制出标题中所需的形状，并分别填充适当的颜色，再使用"投影"样式对其进行修饰，如图7-8所示。

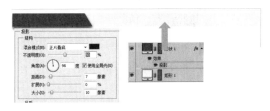

图7-8　绘制出标题中所需的形状并填充颜色

步骤02　选择"横排文字工具"，在适当的位置单击并输入所需文字，打开"字符"面板进行相应设置，图像窗口中产生的效果如图7-9所示。

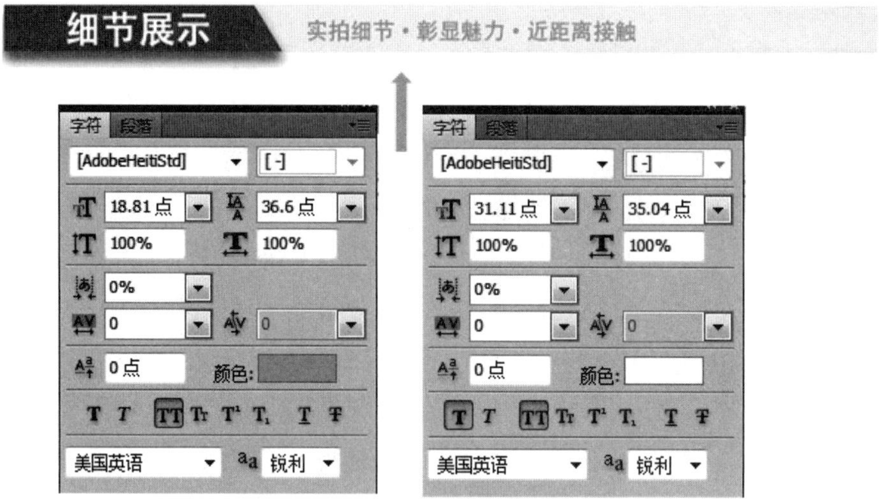

图7-9　输入所需文字并进行相应设置

步骤03 将所需的素材添加到文件中,并将素材图像添加到选区,使用"色阶"和"自然饱和度"进行修饰,如图7-10所示。

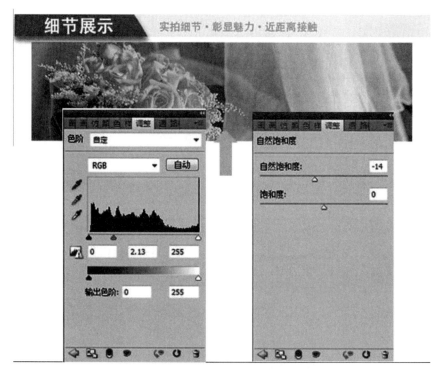

图7-10　将素材图像添加到选区并进行修饰

步骤04 使用"矩形工具"在图像窗口中绘制出所需的矩形,并适当降低其不透明度,使用"渐变工具"编辑图层蒙版,使其显示出渐隐的效果,如图7-11所示。

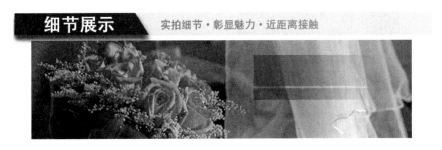

图7-11　绘制所需的矩形并制作渐隐效果

步骤05 选择"横排文字工具",在图像窗口中输入所需文字,并进行相应设置,最后在"图层"面板中创建图层组对图层进行管理,如图7-12所示。

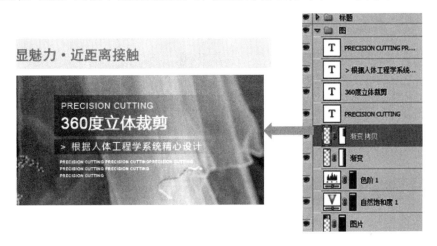

图7-12　输入所需文字并进行相应设置

步骤06 将素材添加到图像窗口中,使用图层蒙版对其显示进行控制,并通过"亮度/对比度"调整图像的亮度,如图7-13所示。

图7-13　使用图层蒙版对素材图像的显示进行控制

步骤07 将抠取的图像添加到选区中,为其创建色阶调整图层,提亮选区中图像的亮度,如图7-14所示。

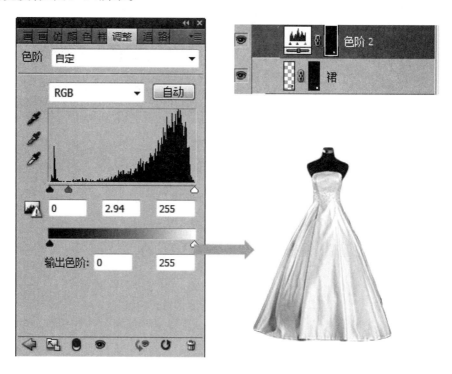

图7-14　将抠取的图像添加到选区中并调整其亮度

步骤08 将素材添加到图像窗口中,使用图层蒙版对其显示进行控制,并通过"亮度/对比度"调整图像的亮度,如图7-15所示。

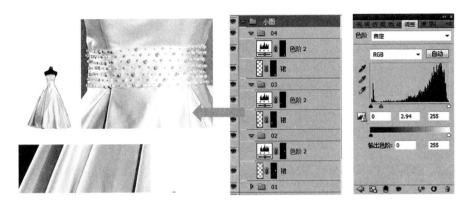

图7-15 通过"亮度/对比度"调整图像的亮度

步骤 09 使用"矩形工具"绘制线条,为画面添加所需文字,并按照所需版式进行编排,最后使用图层组对图层进行管理,如图7-16所示。

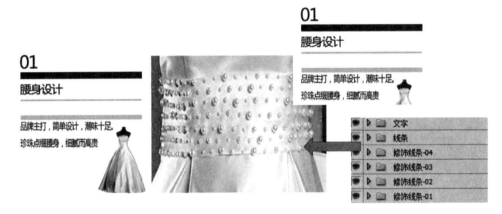

图7-16 绘制线条并添加、编排文字

三、实例:女鞋细节展示设计

本案例是为女鞋设计的商品描述页面,由于素材的色彩对比较为强烈,通常使用灰色进行配色。在细节图上添加边框,可以使其更加凸显。同时搭配有细底纹的背景,使画面不失单调。设计效果如图7-17所示。

【效果展示】

图7-17 女鞋细节展示设计效果图

【设计理念】

分析1 在本案例的色彩搭配上,选用了不同明度的灰色作为画面背景,用女鞋的色彩来点缀画面。

分析2 使用字母A作为画面背景的修饰图形,并将女鞋的细节图放在字母较粗的笔画上,形成自然的曲线,起到引导视线的作用。

分析3 使用外形较为圆润的字体对商品进行说明,使其与圆形的细节图相互照应,从而增加版面设计元素之间的关联性。

【设计步骤】

步骤01 新建文件,创建"图案叠加"调整图层,在打开的对话框中进行设置,最后在"图层"面板中调整"混合模式"和"不透明度",如图7-18所示。

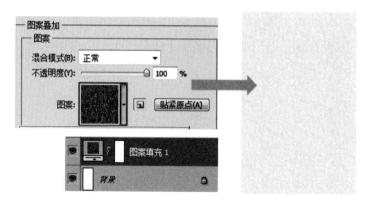

图7-18 创建"图案叠加"调整图层并设置相关参数

步骤02 选择"横排文字工具"在适当的位置单击并输入所需文字,打开"字符"

面板进行设置,如图7-19所示。

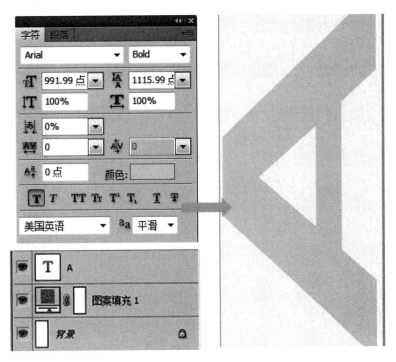

图7-19 输入所需文字并进行相应设置

步骤03 绘制出丝带的形状,使用相应的图层样式进行修饰,并为丝带添加虚线,如图7-20所示。

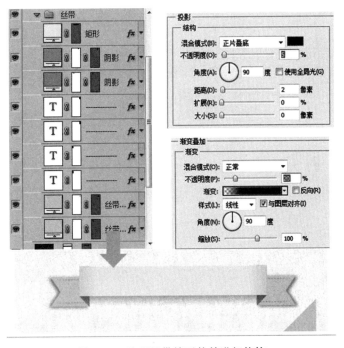

图7-20 绘制丝带的形状并进行修饰

步骤04 使用"横排文字工具"在适当的位置添加文字,打开"字符"面板进行设置,并创建图层组管理图层,在图像窗口中可以看到编辑效果,如图7-21所示。

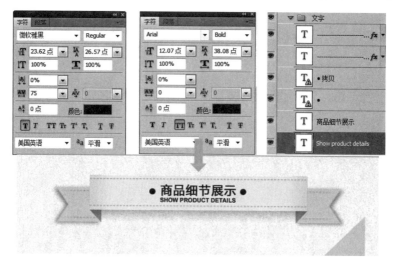

图7-21　添加文字并进行相应设置

步骤05 将所需的商品素材添加到图像窗口,然后使用"钢笔工具"沿着商品边缘绘制路径,利用"路径"面板将绘制的路径转换为选区,添加到图层蒙版,再将图像抠取出来,图像窗口中显示出的编辑效果,如图7-22所示。

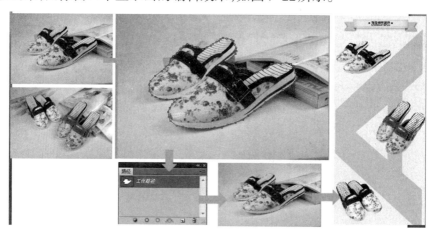

图7-22　将所需的商品素材添加到图像窗口并抠取商品图像

步骤06 将抠取出来的图像添加到选区,为其创建色彩平衡和色阶调整图层,并进行参数设置。然后调整图像的颜色和影调,在图像窗口中可以看到编辑效果,如图7-23所示。

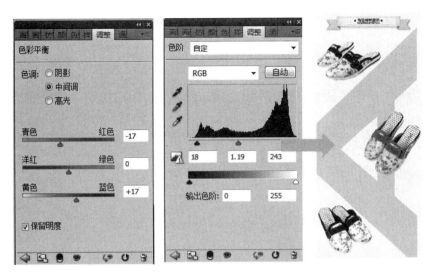

图7-23　将抠取出来的图像添加到选区并进行相应处理

步骤07 添加商品素材到图像窗口中,使用"椭圆工具"创建选区,并以选区为标准添加图层蒙版,控制图像的显示,最后用"描边"样式修饰图像,如图7-24所示。

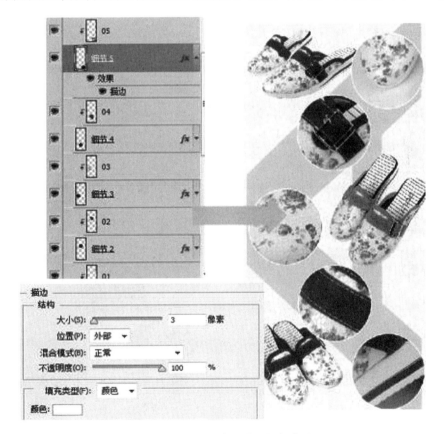

图7-24　添加商品素材并进行相应处理

步骤08 将圆形的商品细节图添加到选区中,为选区创建色彩平衡和色阶调整图层,并进行参数设置,然后调整图像的颜色和影调,使得整个画面的商品图像影调和色调视觉效果保持一致,如图7-25所示。

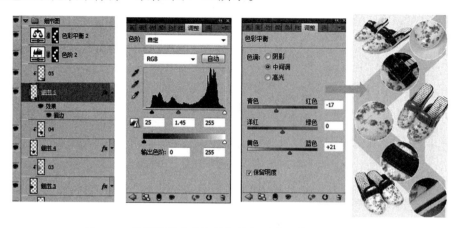

图7-25　将圆形的商品细节图添加到选区并进行相应处理

步骤09 使用"横排文字工具"为画面添加所需的标题文字,打开"字符"面板进行设置,同时得到文本图层,在图像窗口中可以看到编辑效果,如图7-26所示。

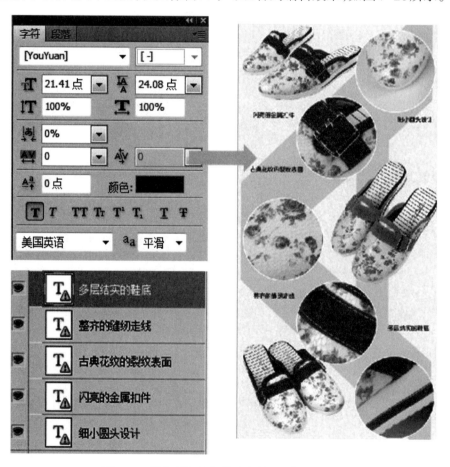

图7-26　添加所需的标题文字并进行相应设置

步骤10 使用"横排文字工具"为画面添加所需的说明文字,打开"字符"和"段

落"面板,进行相应设置,完成制作,在图像窗口中可以看到编辑效果,如图 7-27
所示。

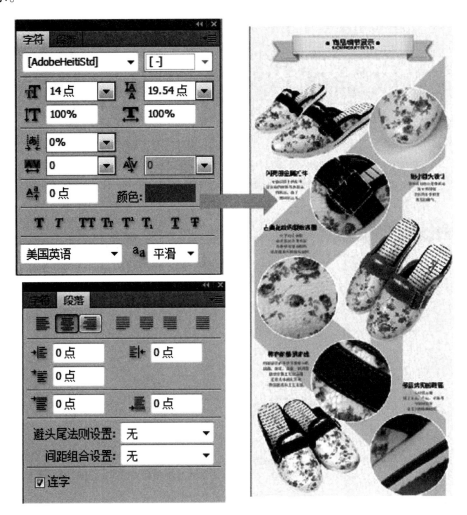

图 7-27　添加所需的说明文字并进行相应设置

【课后习题】

以照相机为素材设计一个关于相机的商品描述页面,要求画面能够全面地展示出相机各个角度的特点,并且包含相机的详细参数信息,同时画面的色彩清爽、自然,给人一种清新脱俗的感觉,整体效果简洁大方,最终效果如图 7-28 所示。

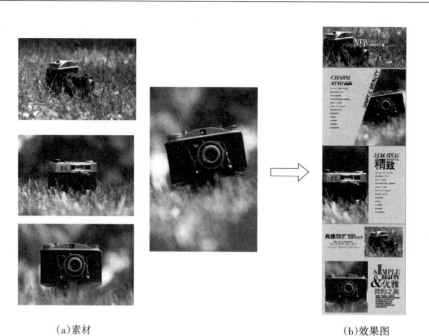

（a）素材　　　　　　　　　　　　　　　　（b）效果图

图7-28　照相机描述页面素材及效果图